アクティブ・ラーニングを位置づけた小学校理科の授業プラン

鳴川 哲也
山中 謙司・塚田 昭一 編著

明治図書

はじめに
Introduction

「みんなの比べると,パン粉軽すぎでしょ。他と全然違うじゃない」
「でも,自分たちの予想は違うよ。帆は大きいほうが進むと思うな」
「こうやって,日光が重なったところを測ればよいと思います」
「じゃあ,金属の中にも磁石に引き付かない物もあるんだね」
「本当だ。全部丸く輪みたいだ」
「でも,頭から脚が出ているというのはやはりおかしいと思うよ」
「ハートの形がある仲間はどう? 私のは葉の形がハートだよ」
「空気に色をつけられないかな?」
「風が吹くと,煙が反対方向に行くじゃないですか…」
「だったら,1分間で何回ぐらい回ったかも数えてみようよ」
「反対に曲がったら怖いよね。関節はどのような仕組みになっているのかな」
「じゃあ,吾妻山も北海道も,同じぐらいの気温なんだね」
「天気が変わってない? 後半は,雨の日のグラフの特徴と似ているよね」
「泡の気体が外に出ていったからじゃない」
「やっぱり100cmが一番近いね」
「本当だ。導線を斜めにしたら,マグチップがずれていった」
「駐車場だと,北校舎で日光がさえぎられて陰になるからだめです」
「体の一部説ならば,どのメダカもえさを食べるはずだね」
「やっぱり,外側が崩れている」
「黒く見えるのは,雲が重なっているからでしょ」
「僕は,二酸化炭素が75%もあるから,すぐに火は消えると思うな」
「もし二酸化炭素が水に溶けたら,その水をリトマス紙で調べようよ」
「それはないでしょ。でもやってみようか」
「同じ電気をつかっているものだから,きまりが当てはまるのではないか」
「どうして吸う空気よりもはき出した空気のほうが二酸化炭素が多いんだろう」
「じゃあ,葉をとったホウセンカにビニル袋をかぶせても,水滴がつくんだよね」
「なんで。どうやって光を当てたら半月になるの」

　これらは,本書で紹介されている授業プランでの子どもの言葉です。
　子どもが発した言葉のワンフレーズしか掲載していませんが,どの言葉からも,子どもの姿が浮かんできます。いや,その言葉を発した子どもの周りにいる多くの子どもたちの姿も浮か

んできます。

　「主体的・対話的で深い学び」というアクティブ・ラーニングの視点を基に，日々の授業を改善していくことで，子どもたちの学びの質を高め，資質・能力を育成するために，まずは教師が，子どもの姿を基に授業を語ることから始めましょう。

　子どもの姿にこそ，理科で育成を目指す資質・能力の高まりが見られるのです。
　子どもの姿にこそ，授業改善の視点があるのです。
　子どもの姿にこそ，教師自身が成長できるきっかけがあるのです。
　日々の授業で見せる子どもの姿こそ，教師が最も大切にしなければならないのです。

　本書は，学習指導要領改訂という大きな教育のうねりの中で，「主体的・対話的で深い学び」といったアクティブ・ラーニングの視点を基に考えられた授業プランをまとめた1冊です。子どもの姿を大切にしながら，授業づくりのポイントが明確に示されています。ぜひ，子どもや教師の対話を読みながら，その様子を想像し，ご自分の実践に役立てていただきたいと思います。

　なお，「主体的な学び」「対話的な学び」「深い学び」はそれぞれ関連していて，けっして分断して考えるものではありません。各授業プランには，実践が類型化されて示されていますが，「主体的・対話的で深い学び」というアクティブ・ラーニングの視点を通して，みなさんの日々の実践を振り返る上での一つの指標としてとらえていただければ幸いです。

　未来を拓く子どもたちのために，共にがんばりましょう。

　最後になりましたが，本書の出版にあたり，明治図書の茅野現氏には，大変なご尽力と大きな励ましをいただきました。ここに改めて厚く御礼申し上げます。

　2017年2月

鳴川　哲也

もくじ
Contents

はじめに

第1章 アクティブ・ラーニングを位置づけた小学校理科の授業づくり

1 アクティブ・ラーニングとは何か ……… 8

2 小学校理科におけるアクティブ・ラーニングの位置づけ ……… 10

3 本書におけるアクティブ・ラーニングのとらえ ……… 12

第2章 アクティブ・ラーニングを位置づけた小学校理科の授業プラン

種類によって重さは変わるか？ 自分の言葉で説明しよう ……… 14
(3年／物と重さ)

風のエネルギーを効率よく伝えるのは，大きい帆か小さい帆か考えよう ……… 18
(3年／風やゴムの働き)

比べる物をはっきりさせて実験しよう ……… 22
(3年／光の性質)

どんな物が磁石に引き付くのか実験しよう ……… 26
(3年／磁石の性質)

導線1本で豆電球に明かりをつけてみよう ……… 30
(3年／電気の通り道)

カブトムシの体のつくりを考えよう ……… 34
(3年／昆虫の成長と体のつくり)

理科の目で植物を観察しよう ……………………………………………………… 38
（3年／身近な自然の観察）

とじ込めた空気をおしたらどうなるか考えよう ………………………………… 42
（4年／空気と水の性質）

結果まで見通した実験計画を比べ，適切な実験を選ぼう ……………………… 46
（4年／金属，水，空気と温度）

メリーゴーラウンドが回転する速さを変えられるか考えよう ………………… 50
（4年／電気の働き）

関節は曲がり方によってつくりも違うのか考えよう …………………………… 54
（4年／人の体のつくりと運動）

山の紅葉は，なぜ早いか気温と関係づけて説明しよう ………………………… 58
（4年／季節と生物（秋））

集めた多くのデータから天気と気温の関係について調べよう ………………… 62
（4年／天気と気温）

炭酸入浴剤を溶かすと，水溶液の重さはどうなるか考えよう ………………… 66
（5年／物の溶け方）

振り子の1往復する時間が2秒になる振り子の長さを考えよう ……………… 70
（5年／振り子の運動）

導線にからみ付くマグチップの付き方の意味を考えよう ……………………… 74
（5年／電流の働き）

たくさん収穫するにはどこに植えればよいか考えよう ………………………… 78
（5年／植物の発芽，成長，結実）

めざせ！ メダカマイスター 子メダカのふしぎを考えよう ………………… 82
（5年／人や動物の誕生）

洪水を防ぐ工夫を考え説明しよう ………………………………………………… 86
（5年／流水の働き）

晴れている日の雲と雨の日の雲の色はどうして違うか考えよう ……………… 90
（5年／天気の変化）

物が燃えるためには何の気体が関係しているのか考えよう ... 94
（6年／燃焼の仕組み）

炭酸水から出てくる泡は何か考えよう ... 98
（6年／水溶液の性質）

てこの規則性で学びを深めよう ... 102
（6年／てこの規則性）

コンデンサーから流れる電流の量と動作する時間を関係づけよう ... 106
（6年／電気の利用）

吸う空気とはき出す空気の違いは何か考えよう ... 110
（6年／人の体のつくりと働き）

根から取り込まれた水は，どこに行くか確かめよう ... 114
（6年／植物の養分と水の通り道）

月の形が日によって変わって見えるのはどうしてなのか，半月から考えよう ... 118
（6年／月と太陽）

第3章 アクティブ・ラーニングを位置づけた小学校理科の授業の評価

1　アクティブ・ラーニングの指導と評価 ... 124

2　小学校理科の全国学力・学習状況調査から見たアクティブ・ラーニングの指導と評価 ... 128

おわりに

第1章

アクティブ・ラーニングを位置づけた小学校理科の授業づくり

1

1 アクティブ・ラーニングとは何か

❶アクティブ・ラーナー

　先日，ある小学校理科の研修会に参加しました。まず，各自に3枚の付箋紙が配布され，これまでの授業の中で印象に残っている子どもの姿やこれから求めたい子どもの姿を記述するよう指示がありました。「学んだことを自然の事物・現象に当てはめて，新しい問題を見出している子ども」「根拠をもって説明している子ども」など，各自が思い浮かべる子どもの姿を付箋紙に書き終えると，今度は，問題解決の過程のどの場面で，子どもの姿を思い描いたのかを発表しながら，模造紙に貼っていくことになりました。最初の1人が発表すると，コーディネーターが何も言わなくても，「私も同じで…」と続けて前に出てきて自分の考えを発表し，どんどん模造紙に付箋紙が貼られていきました。自主的に，子どもの姿を類別してタイトルをつける先生も現れ，楽しい雰囲気の中で，求める子どもの姿が共有されていったのです。

　驚いたことに，共有された子どもの姿は，現在進められている学習指導要領等の改訂の議論の中で描かれている，新しい時代を生きる子どもたちに育成したい資質・能力が発揮された子どもの姿と同じだったのです。

　さらに驚くのは，この研修会への参加者は，大学の先生，校長先生，学校を牽引するベテランの教員，委員会の指導主事，中堅の先生，新採用の先生，そして大学院生という，様々な立場の方々だったことです。立場を超えて，主体的に，そして対話的に，子どもを真ん中にして，これからの理科教育の在り方を深く語り合っているのです。

　こうした教員は，まさに，アクティブ・ラーナーです。そして，これまで日本の学校教育で大事にしてきた文化でもあります。

　「理科の授業はどうあるべきか？」といった，唯一の答えなどない，深淵な問いを問い続けているとき，誰もがアクティブ・ラーナーなのではないでしょうか。

❷未来を拓く子どもたちに，学校教育は，何を準備しなければならないのか？

　第4次産業革命とも言われる，進化した人工知能が様々な判断を行ったり，身近な物の動きがインターネット経由で最適化されたりする時代の到来が，社会や生活を大きく変えていくのではないかという予測がされています。子どもたちは，そのような新しい時代の創り手なので

す。そのような子どもたちのために、学校教育は、今、何を準備しなければいけないのでしょうか。

　その一つとして、個々の教室における日々の指導が、どのような力を育成するのかをより深く認識し、創意工夫を凝らして授業や指導を改善することが求められています。子どもたちが学習内容を人生や社会の在り方と結び付けて深く理解し、これからの時代に求められる資質・能力を身に付け、生涯にわたって能動的に学び続けることができるようにするには、子どもたちが「どのように学ぶか」という学びの質が重要になるのです。

❸「アクティブ・ラーニング」の視点、それは「主体的・対話的で深い学び」

　子どもたちの学びの質を高めるためには、「アクティブ・ラーニング」の視点である「主体的・対話的で深い学び」が実現するよう、日々の授業を改善していくことが大切です。

　子どもたちが学校教育における質の高い学びを実現し、学習内容を深く理解し、資質・能力を身に付け、生涯にわたって能動的に学び続けるようにするためには、以下の視点に立った授業改善を行うことが必要です。

　①「主体的な学び」の視点

　学ぶことに興味・関心をもち、自己のキャリア形成の方向性と関連づけながら、見通しをもって粘り強く取り組み、自己の学習を振り返って次につなげる「主体的な学び」が実現できているか。

　②「対話的な学び」の視点

　子ども同士の協働、教職員や地域の人との対話、先哲の考え方を手がかりに考えること等を通じ、自己の考えを広げ深める「対話的な学び」が実現できているか。

　③「深い学び」の視点

　各教科等の特質に応じた「見方・考え方」を働かせながら、知識を相互に関連づけてより深く理解したり、情報を精査して考えを形成したり、問題を見出して解決策を考えたり、思いや考えを基に創造したりすることに向かう「深い学び」が実現できているか。

　言うまでもありませんが、「アクティブ・ラーニング」は「ティーチング」ではありません。「学び」を基軸とした考え方です。ですから「この指導法をすれば、アクティブ・ラーニングです」ということではないのです。発達の段階、学習内容、それまで身に付けた資質・能力など、目の前の子どもを見れば、指導方法が同じになるはずがありません。

　答えは1つではないのです。ですから、目の前の子どもを真ん中に据え、その子どもたちにどのような資質・能力を育成するのかを明確にして、「主体的・対話的で深い学び」という視点をもって、絶え間なく授業の工夫・改善に努めることが大切なのです。

（鳴川　哲也）

2 小学校理科における アクティブ・ラーニングの位置づけ

❶理科における「主体的な学び」とは何か

　理科における「学ぶ意味と自分の人生や社会の在り方を主体的に結びつけていく『主体的な学び』」とは，これまでも小学校理科が大切にしてきた「問題解決」の授業もその一つと考えられます。しかし，形骸化された問題解決では主体的な学びとは言えません。問題解決の授業が真に子ども主体となるためには，以下の3つが主なポイントとなります。
　①子ども自身が学習のつながりを意識していること。
　②何のために観察や実験などを行っているか問題解決の過程を自覚していること。
　③自分の考えたことや行動に責任をもち，くじけずに挑戦すること。
　これらを身に付けている子どもたちは，自立した個の学びが確立し，主体的であると言えます。具体的な学習で考えてみましょう。例えば，第5学年で学習する「魚の誕生」と「植物の発芽，成長，結実」の単元は「生命の連続性」という視点で学習のつながりを意識することが大切です。植物も動物も生命をつないでいく営みは同じであることを見出したとき，また，学習した教材だけでなく，身の回りの植物も動物も同じような仕組みであることを見出したとき，子どもは学ぶ意味を感じ自分自身も動物の仲間であることを自覚することでしょう。
　このように学習のつながりを意識させ，自然の事物・現象から問題を見出し，根拠のある予想や仮説をもち，観察・実験の計画を立案し，自己の学習を振り返って次につなげることができるよう，教師が学びをデザインしていくことで子どもの主体的な学びとなります。
　また，主体的であるということは責任を伴うことであることを意識させましょう。例えば，自分で考えて行った実験の結果が教科書のとおりにならなくても，それは自らの責任であり，他者に責任を負わせたり，投げ出したりせず，くじけずに挑戦する態度を身に付けさせることが大切です。自分の考えた予想や実験方法のどこが違っていたのかを他者とのかかわりから振り返り，粘り強く学びに向かう力を育成することが今，子どもたちに求められています。

❷理科における「対話的な学び」とは何か

　理科では伝統的にグループ学習が行われ，対話的な学びは行われてきていると言えます。しかし，理科としての対話がなされてきたかというと事実に基づかない単なる「話し合い」や一

部のオピニオンリーダーのみが活躍する「話し合い」になっていた授業もあったのではないでしょうか。理科における「多様な人との対話や先人の考え方（書物等）で考えを広げる『対話的な学び』」とは，自然の事物・現象について，人と対話しながら考えを発展させ問題解決することと考えられます。つまり，理科における対話では「人」と「人」との間に「自然の事物・現象」や「事実」がなくてはなりません。

　例えば，第3学年で学習する「ゴムの働き」では，ゴムのねじる回数と物が動く様子を調べた結果からゴムの働きについての考えをもつ活動があります。その際，自分たちのグループの実験結果のみで考察するのではなく，他のグループの結果についても考察し，全体の傾向や共通性から事実を基に話し合い，考えることができるようにすることが大切です。

　このように理科における対話的な学びとは，自然事象に働きかけながら，他者とかかわり合いながら問題解決する中で，「実証的に考える」「根拠を基にして考える」「方法的に妥当であるか考える」「論理に矛盾がないか考える」などといった科学的な視点から自らの考えを広げ，より妥当なものにする学びであると考えられます。

❸理科における「深い学び」とは何か

　理科における「深い学び」とは，習得・活用・探究という見通しの中で教科等の特質に応じて育まれる見方・考え方を働かせて思考・判断・表現し，学習内容の深い理解や資質・能力の育成，学習への動機づけ等につながる学びです。また，理科ならではの「見方・考え方」を働かせて，知識を「活用」しながら問題を解決していく学びと言えます。

　小学校理科における活用の視点は，全国学力・学習状況調査の問題作成の枠組みとして「適用・分析・構想・改善」の4つの視点が示されています。これら4つの視点が実現された授業も，理科における深い学びの一つと考えられます。例えば，第4学年で学習する「季節と生物」の学習では，多様な植物を比較する（考え方）中で，どれもが気温との関係で成長するといった共通性（見方）が見出されます。この「見方・考え方」を働かせて，「桜前線」という事象を解釈する際に，学習した植物の規則性を他の対象である桜に「適用」したり，季節や気温の変化と桜の成長とを関係づけて「分析」したりしながら自らの変容を自覚する活動が深い学びと言えます。つまり，理科における深い学びとは，違った場面や文脈において，「わかった」レベルの知識からさらに，自ら「使える」レベルの知識として学習した原理原則の意味や根拠，理由が説明できる学びであると考えられます。

3 本書における アクティブ・ラーニングのとらえ

中教審理科ワーキンググループにおいて、「アクティブ・ラーニングの3つの視点を踏まえた資質、能力の育成のために重視すべき理科の指導のプロセス」が右図のように示されました。高等学校の例ですが小学校でも同様にとらえることができます。

本資料の新しさは、単なる問題解決のプロセスを示しているのではなく、各学習過程の段階において育成する資質・能力が示されていることです。これは問題解決の形骸化を打破する視点となります。つまり、プロセスをなぞるのではなく、各プロセスで身に付ける力を明確化したことで学習が質的に改善されることになります。「課題の設定」の学習過程では、見出した関係性や傾向から課題を設定する力が求められています。また資料右端の欄にある「対話的な学びの例」も新しさであり、各学習過程の資質・能力の育成には対話的な学び（意見交換・議論）が重要であることを示唆していると言えます。

そこで本書では、以下の図のように各学習過程を横軸に置き、アクティブ・ラーニングの3つの視点を縦軸に置きクロス表を作成しました。次章の授業プランはその該当するものに「○」をつける形で実践を類型化しています。3つの視点はそれぞれ独立しているものではなく、関連し合っていますが、ここでは、各単元の学習過程において3つの視点のどれを主に記述したかを示しています。本書を授業改善に役立ててくだされば幸甚です。

	自然事象への働きかけ	問題の把握設定	予想・仮説設定	検証計画の立案	観察・実験	結果の整理	考察・結論
習得・活用・探究という学習プロセスの中での、問題発見・解決を念頭に置いた深い学び						○	
他者との協働や外界との相互作用を通して、自らの考えを広げ深める、対話的な学び	○						
子どもたちが見通しをもって粘り強く取り組み、自らの学習活動を振り返って次につなげる、主体的な学び							○

（塚田　昭一）

第 2 章

アクティブ・ラーニングを位置づけた小学校理科の授業プラン

2

3年　　　　　　　　　　　　　　　　　　　　　　　物と重さ

種類によって重さは変わるか？
自分の言葉で説明しよう

	自然事象への働きかけ	問題の把握設定	予想・仮説設定	検証計画の立案	観察・実験	結果の整理	考察・結論
習得・活用・探究という学習プロセスの中での，問題発見・解決を念頭に置いた深い学び						●	●
他者との協働や外界との相互作用を通じて，自らの考えを広げ深める，対話的な学び						●	●
子どもたちが見通しをもって粘り強く取り組み，自らの学習活動を振り返って次につなげる，主体的な学び				●			●

1 授業のねらい

> 種類により単位量あたりの重さが異なることを多くの根拠から説明することができる。

2 授業づくりのポイント

　前時に行った砂糖と塩の重さ比べから，一般化を図るのは大きな飛躍があり，子どもが実感を伴って理解する機会が，教科書等では保障されていません。そこでジグソー法を導入し，視点の異なる他者に対して相互に説明をする機会を設定しました。

　本時は，エキスパート班で小麦粉・片栗粉・きな粉・パン粉の重さを，それぞれ責任をもたせて計測させた後，ジグソー班で報告し，ランキング（可視）化させます。その後，相互説明活動（他の3つの視点すべての屋台を回りながら「実体験」・「説明」）をさせました。これにより，考察を裏付ける体験でさらに思考を補強し，より「実感を伴った概念」にすることができます。

※エキスパート班：各視点の調査を行う専門班　　※ジグソー班：調査結果を持ちより吟味する班
※相互説明：実物を用いて互いに説明する活動　　※クロストーク：クラス全体で共有，まとめる活動

3 学習指導案

時間	児童の学習活動	教師の指導・支援
3分	1 前時の復習をする。 　本時の問題を対話から作り上げる。	・前時に行った砂糖と塩の実験結果の説明を，指名した子どもが行う。 ・「他のものはどうなっているか」と前時の感想に記録していた子をピックアップする。
	問題　砂糖と塩以外のいろいろな白い粒の重さは違うのだろうか。	
12分	2 まず個人で考える。 　次にエキスパートグループ（EG）で予想を共有する。 ・EG で実験をする。 ・EG で前時の実験（砂糖と塩）と比較し，自分たちの結論をまとめる。	・個人のはじめの考えを外化する。 ・4人ずつのグループ（EG）で話し合わせるようにする。 ・割り当てられた実験を責任をもって行う。 ・具体的な例（砂糖と塩）と比較しながら，自身の結果を確認し，しっかりと説明ができるようにする。 ・ジグソー法の特色を活かし，仲間とのかかわりの中で自分の考えを発言させ，比較・検討していく。その活動を通して，新たな知識を獲得していけるよう話し合いの場を設定する。
5分	3 EG で話し合ったことを，ジグソーグループ（JG）で発表する。　〈相互説明〉	・EG で話し合ったことを，責任をもってJGで伝えさせるようにする。その際，自分の言葉で相手にわかりやすく話すように促す。 ・他の人の発表を聞く中で，わからないところや納得のいかないところがあれば必ず質問させるようにする。
10分	4 検証実験（実体験）する。　〈相互説明〉	・EG を2つ（説明班・体験班）に分け，屋台形式で相互説明する場を設ける。他の班の子どもも理解しやすいように，声の大きさや体験のさせ方を工夫する。 ・発表を聞く（体験をする）中で，わからないところや納得のいかないところは必ず質問できるようにする。 ・全種類，自分の手で持ってみたり，電子てんびんにのせてみたりして実体験をする場を設ける。
7分	5 JG に戻り，友達の報告や実体験を基に重さランキングをまとめる。	・自分だけではなく友達と協力して問題を追究した過程や協力して考え，結論へと至ったことを意識できるようにする。
5分	6 クラスで発表させ，子どもたちの言葉でまとめる。	・根拠を必ず言うようにする。また，気付いた点・疑問も言うようにする。
	まとめ　いろいろな白い粒の重さは，種類によってどれも違う。	
3分	7 学習を振り返り，自分の言葉でまとめ，次時へつなげる。	・学習を振り返り，各グループから発表されたことをまとめる。また，「水だったらどうだろう？」と投げかける。

4 授業展開例

①導入　予想……【実際に手に持って体感】

　学習ワークシートには，思考を外化させメタ認知を促す項目【重さランキング】を設置しました。明らかにパン粉は軽いので多くの子がパン粉を一番軽いと予想しています。

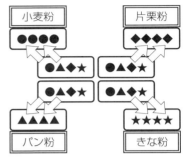

図　ジグソー法の各視点

　予想を交流させると外化物を基に自分の考えを伝えることができていました。

②エキスパート活動（選んだものと塩・砂糖の比較）

　各視点（図参照）に分かれて実験を行いました。実際に重さが数値になってみると，予想とのずれを実感し，自身の考えの修正を余儀なくされました。そしてジグソー班に戻ったときに調べた結果を説明できるように準備していました。粒の大きさに注目した子は，それを基に説明を構築しようとしていました。

それぞれの担当のものを正確に量り，砂糖・塩と比較

③ジグソー活動（4種類＋塩・砂糖の比較）

　エキスパート班でそれぞれの視点の情報を得た子どもたちは，自分のジグソー班に戻り，結果や考察の報告を行いました。他の班の結果を聞いた子どもたちはあまりの重さの違いに驚き，「実際に自分で量ってみたい」という気持ちになりました。聞いた情報から自分でランキング（仮）を作成させ思考を可視化させました。

A児　小麦粉は63ｇ。砂糖と近かったけど，やっぱり違ったよ。
B児　片栗粉は73ｇ。ギュッて詰まってる感じ。
C児　きな粉は45ｇ。結構軽かったよ。
D児　パン粉は26ｇ。すり切りやったけど，スカスカで軽かった。
　　　【重さの結果をランキング化】
B児　みんなの比べると，パン粉軽すぎでしょ。他と全然違うじゃない。
D児　確かに。逆に，塩って相当重いんだね。だんとつ，100ｇ超えだし。
C児　砂糖と小麦粉は近かったね。量り方で同じになるかも。
A児　じゃぁ，次の説明のとき，量りにきてみて。私はパン粉が気になるな。

それぞれの担当のものを正確に伝え，それぞれの数値を比較

④相互説明活動（屋台形式）

　自分の作ったランキングを確かめたくて（説明したくて）ウズウズしている子どもたち。前後半に分かれて相互説明活動を開始します。

子どもE　小麦粉は63ｇなの？　持たせて。
子どもF　どうぞ。結構重いでしょ。
子どもE　ほんとだ。粒が小さいね。持ってみな。
子どもG　あっ，確かに重いね。でも塩ほどじゃないね。
子どもH　電子てんびんにのせて確認してみて。
子どもG　確かに63ｇ。
子どもF　粒と粒の隙間がないからパン粉より重いでしょ？　砂糖といい勝負だけど違うね。
子どもH　そうそう，同じじゃないね。

　ジグソー班の報告会で意欲が高まり，目的意識をもって確認実験を行うことができました。屋台形式で行ったことで全員がエキスパートとして自信をもって説明する機会が保障できました。

　確認活動後，ジグソー班に戻り，班ごとの考察を練り直しました。重さランキングも再度作り直し，同じ体積でも，物によって重さが変わることをまとめました。

⑤クロストーク活動（それぞれの班の考察の比較）

　クロストークでは，各班の考察や今後調べてみたい疑問などを発表し合いました。発表からは，各班とも本時のねらいを達成する内容のほか，粉だけではなく，水と油や，水と塩水なども比べてみたいという発展課題も出されてきました。※授業の最後に水と食塩水を用意。ジグソー活動で高まった意欲から説明活動を促すことで主体的に思考を深め，対話の中で表現していく子どもたちを育成することができました。

5　評価について

　評価は，学習した内容や既存の知識の活用状況について，机間指導や相互説明活動の中で発言や発表メモにキーワードが見られるかという視点で見取り，指導を行います。また，評価規準を設定し，ワークシートの記述の変化を基に，学びの深まりを確認します。　　　（柿沼　宏充）

3年 　　　　　　　　　　　　　　　　　　　風やゴムの働き

風のエネルギーを効率よく伝えるのは、大きい帆か小さい帆か考えよう

	自然事象への働きかけ	問題の把握設定	予想・仮説設定	検証計画の立案	観察・実験	結果の整理	考察・結論
習得・活用・探究という学習プロセスの中での、問題発見・解決を念頭に置いた深い学び						●	
他者との協働や外界との相互作用を通じて、自らの考えを広げ深める、対話的な学び	●						
子どもたちが見通しをもって粘り強く取り組み、自らの学習活動を振り返って次につなげる、主体的な学び							●

1 授業のねらい

> 帆の面積が大きいほうが車を移動させるエネルギーが高いことに気付くことができる。

2 授業づくりのポイント

　本時は風を受ける帆の大きさを変えることで進む距離の違いを考えさせたいです。強い風と弱い風で比べたように、今までの学習から大きい帆と小さい帆でどちらがより進むかを考えさせます。また、帆の大きさを変える際、変化が小さいと差が出ず、予想と大きく異なる結果となります。予想と異なる結果から要因を探るためグループで話し合い、新たな問題を生み出す工夫をすることで、主体的・対話的で深い学びにつながるだろうと考えました。

　実験した風が同じ風量の場合、より進むにはどうしたらよいかという問題は、エネルギー資源の有効活用を考える視点にもなります。効率よく風エネルギーを伝える方法を考えることで、6学年の環境問題にもつながる学習になります。

3 学習指導案

時間	児童の学習活動	教師の指導・支援
2分	1 前時の復習をする。	・強い風と弱い風で自作自動車を動かしたとき，強い風のほうが遠くまで進んだことを確認する。
3分	2 本時の問題を見出す。	・帆の大きさを変えたら進み方が変わるかもしれないと子どもの疑問を取り上げ，問題にする。
	問題　風の力を車に伝えやすくするには，帆をどのような大きさにすればよいだろうか。	
5分	3 風の強さを変えて実験したときを振り返って予想をする。	・風の強さを比べたときは，強い風と弱い風で比べたことを思い出させ，帆も大きい帆と小さい帆で比べることが必要だと気付くようにする。
8分	4 実験をする。	・自分で作成した自動車（自作自動車）を用いることで意欲を高める。 ・予想と比較しながら実験をすることを伝える。
5分	5 結果をまとめ，伝え合う。	・グループの結果を黒板にまとめる。 ・発表を聞く中で，わからないところや納得のいかないところは必ず質問し，他の考え方がある場合には，発表できるようにする。 ・他の班の結果が妥当か考えながら発表を聞くよう指導する。
10分	6 結果を基に考察する。	・大きい帆と小さい帆では，記録があまり変わらないことに気付くようにする。さらに，どうして記録が変わらないかをグループで考えるようにする。 ・自作自動車の精密さが原因ではないことを確認する。 ・帆がない場合も自動車が進むことを確認する。 ・どうしたら，差が出るかを考えるようにする。
5分	7 確かめ実験をする。	・大きい帆は面積を3倍にして，小さい帆は面積を4分の1にして実験をする。
5分	8 まとめる。	・帆の大きさを大きくすると風の伝わり方が大きくなることを理解できるようにする。
	結論　帆の大きさを大きくすると，効率よく風の力を受け，遠くまで進む。	
2分	9 本時の学習を振り返る。	・効率よく風エネルギーを伝える方法を考えたことから，エネルギー資源の有効活用にもなることを伝える。

4 授業展開例

単元の最初に，風について知っていることをイメージマップにしました。事前にとったアンケートを基に，子どもと共に考え，まとめました。この活動で，子どもは風について関心を高めることができました。今まで風について深く考えたことがなかった子どもも，友達の意見を聞いて新たな知識を獲得し，風について全員同じ知識をもって学習をスタートすることができました。

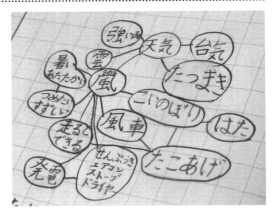

次の学習では自作自動車を作成しました。自分で作る自動車に愛着をもって学習に取り組むことができました。ペットボトルのキャップにコンパスの針で穴をあけ，楊枝をストローに通して作成しました。本体は縦横7.5cmの正方形の付箋を3つ折りにしました。帆は上記の正方形の付箋を使って作成しました。簡単に作ることができ，思ったより進むので喜んで実験に取り組む姿が見られました。また，学習後に家庭から「家でも実験しています」という連絡がありました。その自動車を使って，強い風と弱い風で自動車の進み方が異なるかどうかを調べました。実験からすべての子どもが，強い風のほうが進む結果となり，強い風のほうが自動車を進めるエネルギーが高いことを知りました。

本時は，これまでの学習内容を全体で振り返り，子どもと話し合いながら問題を作りました。

問題　風の力を車に伝えやすくするには，帆をどのような大きさにすればよいだろうか。

まず，大きな帆と小さな帆で比べます。大きい帆は7.5cm四方の付箋1枚，小さい帆は縦半分に切った大きさにしました。予想では，小さい帆よりも大きい帆のほうが風の力を受けやすいとすべての子どもが考えました。実験をしてみると，8つの班のうち6つの班が「動いた距離はほぼ変わらない」という結果になりました。そこ

で，予想と違ったことを伝えると，納得できない子どもがたくさんいました。どうしてだろうと問いかけるとグループで話し始めました。

子どもA　帆の大きさは関係ないのかな。
子どもB　でも，自分たちの予想は違うよ。帆は大きいほうが進むと思うな。
子どもC　思い切って帆をつけないで進むのか調べてみよう。
　　　　　　（帆がなくても進む様子を見る）
子どもD　帆がなくても進んだ。
子どもA　帆はいらないということかな。
子どもB　帆がないと，進む距離が少し短いよ。だからあったほうがいいと思う。
子どもC　そうだね。帆をなくすと少し進まなくなった。
　　　　　　ということは，帆をもっともっと大きくするとたくさん進むかもしれない。

帆の大きさの差を大きくして実験をすると，大きい帆のほうが風が伝わりやすく，たくさん進みました。付箋を多く用いて面積の広い帆を作成しました。すると，すべての班で送風機の前に車を置くだけで風の力を多く受け，車が遠くまで動きました。帆の大きさの差を大きくすることで結果がより明確になり，大きい帆のほうが効率よく自動車に風の力を伝えやすいことを理解し，以下のようにまとめました。

> **結論**　帆の大きさを大きくすると，効率よく風の力を受け，遠くまで進む。

　本時では，効率よく風エネルギーを物に伝える方法を考えました。そこで，振り返りでは，同じ風でも効率よくエネルギーを受けることで，限りある資源の有効活用にもなることを伝えました。

5　評価について

　友達との会話の中で新たな発見をしたり，その発言を聞いて自分の考えをもったりした子どもを評価します。また，考察の時間に机間指導をし，自分たちの予想と比べることができるかどうかの視点をもち，指導をしていきます。

　　　　　　　　　　　　　　　　　　　　　　　　　　　　　　　　　　（古卿　聡）

3年 光の性質

比べる物をはっきりさせて実験しよう

	自然事象への働きかけ	問題の把握設定	予想・仮説設定	検証計画の立案	観察・実験	結果の整理	考察・結論
習得・活用・探究という学習プロセスの中での,問題発見・解決を念頭に置いた深い学び				●			●
他者との協働や外界との相互作用を通じて,自らの考えを広げ深める,対話的な学び				●			
子どもたちが見通しをもって粘り強く取り組み,自らの学習活動を振り返って次につなげる,主体的な学び		●			●		

1 授業のねらい

> 比べる対象を明確に実験方法を考え,鏡を増やしたときの変化を説明することができる。

2 授業づくりのポイント

　小学校第3学年では「光の性質」について学習をします。この単元では,太陽の光は,集めたり,反射させたりできることや,物に日光を当てると,物の明るさや温かさが変わることを学習します。前時までに,鏡1枚分の日光を反射させたところは,日陰のところと比べると,温かくなることについて調べました。

　本時では,鏡の枚数を増やすと,温まり方が変わるのかどうかを考えます。その際に,問題を解決するために,何と何を比べればよいかに着目しながら,個人やグループで実験を構想できるようにします。さらに,自分たちがとったデータの数にも着目し,確かな根拠に基づく結論を導き出すようにします。

3 学習指導案

時間	児童の学習活動	教師の指導・支援
3分	1 前時の復習をする。	・前時に行った，鏡1枚で日光を反射させたところと，日陰のところとの温度の違いを調べる実験からわかったことについて振り返るように促す。 ・前時は鏡を1枚しか使わなかったが，本時では鏡を複数枚使うことを伝え，鏡を増やした場合にどうなるかについて問題意識をもつように促す。
	問題　鏡を増やすと，物の温まり方は変わるのだろうか。	
5分	2 問題に対して，まず個人で考える。その際，変わるのかどうかとあわせて，どのような実験をすればよいかも考える。	・個人で考えさせる際には，変わる・変わらないという予想と，それを確かめるための実験方法について考えられるようにする。 ・実験方法を考えさせる際には，前時で行った実験を基にして図示しながら考えられるようにする。
5分	3 温まり方が変わる・変わらないという予想と実験方法について，全体で考えを共有する。その際，特に何と何を比べているかに着目する。	・温まり方が変わる・変わらないということとあわせて，実験方法についても発表を行う。その際，黒板に実験方法を図示すると，考えが共有しやすい。また，何と何を比べているかについても，問いかけることで共有できるようにする。
5分	4 何と何を比べると，問題について明らかにできるか焦点化した上で，実験方法についてグループで話し合い，発表する。	・グループで話し合いをさせる際には，漠然とした話題よりも，焦点化された話題のほうが，話し合いが深まると考える。そこで，実験を考える際に，何と何を比べればよいか，そして，どうしてそれを比べればよいかについて焦点化して，グループで話し合う時間を設ける。
15分	5 実験を行う。	・アルコール温度計を使う場合には，温度上昇に時間がかかるため，鏡に反射した日光による温度変化が見られるまで，根気強く実験を行うことができるように声かけをする。
5分	6 全体で実験結果を共有する。	・計測した温度計の数値について共有できるようにする。
7分	7 実験結果に基づき，問題について考察をする。その際，結論について何と何を比べたのかに着目しながらまとめる。	・冒頭の問題について，本時で比べた鏡の数と物の温まり方に着目させ，結論を導き出すようにする。その際，自分たちがとった結果（8班で実験したなら8つ）が証拠となっていることに気付くことができるようにする。
	結論　鏡の数を増やすと，鏡が1枚のときより温まりやすい。	

4 授業展開例

　前時では，鏡1枚で日光を反射させると物が温まるのかについて，実験をして確かめました。本時では，その学習を踏まえて，鏡を増やした場合について調べていきます。そのために，前時で行った実験や，その実験からわかったことについて振り返りました。前時では，右の図のように，日陰になっている壁に，鏡で反射した光を当てて，温度計で温度変化を調べるという実験を行いました。本時では，この考え方を活用して，鏡が増えた場合について子どもたちが調べられるようになることを目指しました。問題を見出す場面

上図の2点を比べれば，鏡で反射したところが，温まったかがわかる。

では，前時で使用したのが鏡1枚だったことを伝え，本時では鏡をたくさん使えることを伝えました。「鏡が増えた場合はどうなるか」という問題意識をもたせ，次のような問題を設定しました。

> 問題　鏡を増やすと，物の温まり方は変わるのだろうか。

　このような問題に対して，多くの子どもは，「鏡を増やしたほうが，よく温まる」と予想をしました。そこで，「どのような実験をしたら，その予想を確かめることができるのか。前の時間の実験を基にして考えてごらん」と投げかけました。まずは，個人で考えた後，その考えを共有しました。

子ども　（図1をかきながら）こうやって，日光が重なったところ（A）を測ればよいと思います。

教　師　この考えは何と何を比べようとしているかわかる？

子ども　鏡2枚のところと日陰のところです。

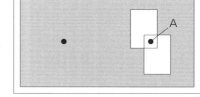

図1

子ども　ちょっと違う考えで，ここ（B）とここ（C）とここ（D）を測ればよいと思います（図2）。

教　師　これは，何と何を比べようとしているかわかる？

子ども　日陰と，鏡1枚のところと，鏡2枚のところです。

教　師　前の時間に比べたのは，日陰のところと，鏡1枚のところでした。では，今日のような問題だったら，どこを比べるのがよいのでしょうか。グループで話し合ってください。そのときに，どうしてそこにしたのかも一緒に考えましょう。

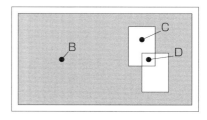

図2

このような指示をして，話し合うことを焦点化し，グループで考えさせました。その後，グループで話し合ったことを発表させると，次のような考えが出てきました。

子ども　（図を示しながら）私たちは，こことここを比べればよいと思いました。理由は今日の問題は，鏡1枚のときと，鏡2枚のときの温まり方の違いを比べるからです。

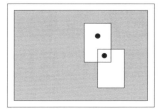

子ども　少し付け加えると，鏡を増やしたらどうなるかを調べるのだから，日陰のところは，今日の問題とはあまり関係ないと思います。

　このように，本時で明らかにしなければならない問題に返りながら，自分たちの行う実験方法を構想し，より深い学びにつなげることができました。

　その後，右の写真のように実験をしました。アルコール温度計を使うと，温まるまでに時間が必要です。子どもによっては，実験を始めてすぐに「全然変わらない」という場合もあります。そのような子どもがいるときには，「それでは数値が取れないから，問題について確かめられないよ」と声を

かけます。また，根気強く実験をしている子どもには，「よくがんばって数値を集めましたね」と認める声かけをしました。このように計測することの労をねぎらい，その重要性を伝えることで，子どもたちがより主体的に実験を行うことにつながると考えました。

　実験の後，自分たちがとった数値（データ）に基づき，鏡1枚のときと鏡2枚のときを比較したことを押さえながら，結論をまとめさせました。そして，このとき，本時では，8つのグループに分かれて実験をしていたので，その8つのデータが証拠になっていることも踏まえて結論をまとめさせました。日々の授業の中で，このような問いかけを繰り返し行うことで，子どもたちが単に問題解決の過程をなぞるのではなく，それぞれの過程のつながりを意識しながら考えることができるようになります。

> 結論　鏡の数を増やすと，鏡が1枚のときより温まりやすい。

5　評価について

　本時では，実験方法を構想する際に，比べる対象を明確にしているか，また，考察場面で，実験の結果という証拠に基づいて鏡を増やしたときの変化について説明しているかを発言やノートの記述を基に行いました。

（志田　正訓）

3年　　　　　　　　　　　磁石の性質

どんな物が磁石に引き付くのか実験しよう

	自然事象への働きかけ	問題の把握設定	予想・仮説設定	検証計画の立案	観察・実験	結果の整理	考察・結論
習得・活用・探究という学習プロセスの中での，問題発見・解決を念頭に置いた深い学び							●
他者との協働や外界との相互作用を通じて，自らの考えを広げ深める，対話的な学び					●	●	
子どもたちが見通しをもって粘り強く取り組み，自らの学習活動を振り返って次につなげる，主体的な学び		●		●			

1 授業のねらい

磁石に引き付く物がどのような物かを理解する。

2 授業づくりのポイント

　授業の導入で，黒板で使用する両面のマグネットを1人1つずつ渡し自由試行がスタート。活動をする中で，磁石について調べてみたいと思ったこと，発見したことを付箋紙に書いていきます。1つの発見や疑問について使う付箋紙は1枚，書き終えた付箋は，模造紙や黒板に仲間分けをしながら貼っていきます。仲間分けされた付箋を基に学習計画を立てました。このようにして学級全体で作り上げたいくつかの問題を1つずつ解決していきます。
　本時では，磁石にはどのようなものが引き付くのかという問題について，子どもたちが予想を基に実験や結果のまとめ方を話し合い，実験を通して解決していきます。

3 学習指導案（2時間扱い）

時間	児童の学習活動	教師の指導・支援
5分	1 前時に作った問題を確認する。	・付箋と模造紙で前時に行った問題づくりから，本時で取り組む問題を確認する。
	問題　磁石はどのような物を引き付けるのだろうか。	
8分	2 前時までの活動を基に予想を伝え合う。	・調べる物の見通しをもつため，どのような物が引き付くと考えているのかを聞くようにする。（例：硬い物，銀色の物，金属など）
7分	3 予想から実験の方法を確認する。	・使用する磁石は，極が明示されていない物を使用する。
8分	4 結果をどのように整理するか話し合う。	・色や硬さ，金属という予想から，表をマトリックスにして上下，左右，そして2種類の付箋を使って，結果を貼り付けると同時に結果の整理ができるようにする。
20分	5 実験および結果の整理を行う。	・理科室や準備室にある金属を準備する。 ・安全に調べられるようにとがった形状の物などは避ける。 ・銅やアルミなど数種類の金属を準備する。 ・硬貨もよいが，扱いには注意をする。 ・記録は付箋1枚につき，1つの物にする。
12分	6 考察を行う。	・表を概観してどのようなことが言えるのかについて考えるように声をかける。 ・付箋の色に着目させ，付かない金属と金属以外で引き付く物について考えるように促す。
15分	7 考察から出てきた問題に取り組む。	・子どもと共に考え，クラス全体で吟味するような姿勢で問題の確認を行う。
	問題　鉄に見えるけれど磁石に引き付かない物，鉄には見えないけれど磁石に引き付く物にはどのようなものがあるのだろうか。	
12分	8 学習活動から，磁石に引き付く物，引き付かない物について自分の考えをノートに記述する。	・鉄以外の金属があること，はさみの柄の部分のように鉄には見えなくても，中に鉄がある物もあること等を記述したものを全体へ紹介する。
3分	9 次時の見通しをもつ。	・電気の学習と対比しながら，磁石は離れても鉄を引き付けることができるということを基に次時の問題が醸成されることを伝える。

4 授業展開例

前時には，子どもたちが自由試行したことを中心に，模造紙と付箋紙を使って，磁石についての疑問や発見を仲間分けしていきました。子どもたちと共に仲間分けしてできた問題は，以下のようになりました。

磁石についてクラスで調べていくこと
①どんなものが磁石に引き付けられるのか。　②磁石は離れていても力が伝わるのか。
③磁石同士が付いたり離れたりするのか。　　④磁石のどこが引き付ける力が強いのか。
⑤クリップが磁石みたいになるのか。　　　　⑥地球は大きな磁石って本当か。

本時は，付箋が一番集まったものを中心に問題をつくり，問題解決をスタートしました。

磁石はどんなものにくっつくのだろうか。
（後に子どもと「どんなものにくっつく」を「どんなものを引き付ける」に修正）

この問題に対して子どもたちは，「硬い物が付くと思う」「銀色や黒などの濃い色の物が付くと思う」「金属が付くと思う」と口々に予想を発表しました。子どもたちはこれまでに「電気の通り道」について学習していますので，電気を通す物が金属であることについては確認を行いました。

実験の方法について，子どもたちと話し合い，次のように行うことにしました。
1．実験室にある様々な物に磁石を近づけて，付く物，付かない物を調べる。
2．調べた物は付箋に書き，黒板の表に貼る。
　　・表の上のほうに色の濃い物を貼る。
　　・表の左のほうに硬い物を貼る。
　　・金属は青，それ以外は黄色の付箋に書く。

すると，子どもたちは磁石に付く物には硬い物や金属が多いこと，磁石に付かない物の中にも金属が入っていることに気が付いていきます。また色は限定しにくいことにも気が付きました。

磁石にくっつく物の中にチョークの粉がありました。そこで，付箋を書いた子どもに実際に見せてもらうと確かに，磁石の表面にチョークの粉が付着しました。これもくっつくと言うけれど，それだとセロテープもガムテープもくっつくことになるよね。これでは区別できないので，くっつくという言葉を引き付けるという言葉に直しました。

子ども　表を見ていると，磁石に引き付かない物の中にも金属があるよ。
子ども　じゃあ，金属の中にも磁石に引き付かない物もあるんだね。
子ども　ドアの取っ手とか，理科室の流しなどは金属なのに付かないね。
子ども　スチール缶は付いたけどアルミ缶は付かなかった。
子ども　アルミは磁石に付かない金属ということだね。
子ども　スチールは磁石に引き付く金属なんだね。
教　師　スチールって何かわかる？
子ども　鉄だよ。だから鉄が磁石に引き付く。
子ども　鉄に見えたけど，流しは鉄じゃないんだね。
子ども　磁石に引き付いた物にも黄色の付箋があるよ。
子ども　鉄じゃない物かな。
子ども　きっと鉄が隠れている物だよ。
子ども　黒板も鉄には見えないけど付くよ。
子ども　材料の中に鉄があるのかも。
教　師　鉄には見えないけど，鉄が使われたり隠れたりしているんだね。

　子どもたちが考えていることを確かめようと次のような問題に取り組みました。

> 鉄に見えるけど磁石が引き付かない物（鉄ではない金属），鉄には見えないけど磁石が引き付く物（鉄が隠れている物）にはどのような物があるのだろうか。

　この学習で探した，鉄には見えないけれど磁石が引き付く物は，磁石は離れても力が伝わるのかという次の問題にもつながります。
　子どもたちは，乾電池や豆電球を使いながら，鉄に見えるけれど磁石が引き付けられない物は，電気は通すけれども磁石には引き付けられない物だということを確かめていました。この活動を通して，金属には様々な物があり，その中の鉄が磁石に引き付くということを改めて理解していました。

5　評価について

　実験後，「磁石はどのような物を引き付けるのだろうか」（学習問題）について考えたことを子どもが記述し，その内容について評価します。このとき，自分たちが立てた予想と実験結果とを比べるよう助言することが大切です。

（辻　健）

3年　電気の通り道

導線1本で豆電球に明かりをつけてみよう

	自然事象への働きかけ	問題の把握設定	予想・仮説設定	検証計画の立案	観察・実験	結果の整理	考察・結論
習得・活用・探究という学習プロセスの中での，問題発見・解決を念頭に置いた深い学び	○				○		
他者との協働や外界との相互作用を通じて，自らの考えを広げ深める，対話的な学び							○
子どもたちが見通しをもって粘り強く取り組み，自らの学習活動を振り返って次につなげる，主体的な学び		○					○

1 授業のねらい

> 導線1本で豆電球に明かりがつく回路を試行錯誤しながら作ることができる。

2 授業づくりのポイント

　豆電球を点灯させる場合，一般的にはソケットに入った豆電球を使用します。そしてソケットから出ている2本の導線を乾電池につないで点灯させます。しかし，これでは子どもにとってはソケットの中がブラックボックスであり，導線は2本ないと豆電球はつかないという，回路に対する固定的な概念を植え付けることになります。

　そこで，本時では導線1本とソケットなしの豆電球，乾電池1個で豆電球を点灯させる活動を行います。はじめは戸惑いを見せるでしょうが，試行錯誤していきながら点灯するつなぎ方を徐々に発見していきます。最終的に豆電球が点灯するには「1つの輪になっていること」「豆電球の横と下の部分につなぐこと」が必要であるというきまりを見つけます。

3 学習指導案（2時間扱い）

時間	児童の学習活動	教師の指導・支援
5分	1 教師の演示を見る。	・段ボール箱から豆電球が出ている装置を用意し，子どもたちに箱の中が見えないようにしながら乾電池1個と導線1本で点灯するところを見せる。
	問題　導線1本と豆電球と乾電池をどのようにつなぐと明かりがつくだろうか。	
10分	2 各自の考えをノートに書く。	・それぞれの考えを図を用いて書くように促す。 ・導線の先がどこに接触しているのかがよくわかるように書くように促す。
10分	3 各自の考えを発表する。	・ここでは他者の考えを紹介する程度にとどめ，あまり深入りはさせない。 ・質問があれば簡単に出させる程度にとどめる。
30分	4 実際に豆電球が点灯するつなぎ方を実験し，調べる。	・点灯するつなぎ方が見つかったらその都度，スケッチするように促す。 ・スケッチする際，豆電球，導線，乾電池の接触する部分が明確になるように書くことを促す。 ・点灯するつなぎ方は1つに限らないことを知らせ，追究意欲を持続できるようにする。
10分	5 結果を発表する。	・点灯しないつなぎ方と点灯したつなぎ方を分けて発表する時間を設ける。 ・発表の際，掲示用の豆電球と乾電池を黒板に貼っておき，導線をチョークで書き込むように促す。
15分	6 結果を基に考察する。	・点灯しないときと点灯するときのつなぎ方を比較しながら考えるよう伝える。 ・一見同じようなつなぎ方でも，接触している部分が微妙に違うことに気付くようにし，回路に対する見方を深める。
5分	7 本時の学習を振り返る。	・乾電池1個，豆電球1個，導線1本で点灯するつなぎ方を自分の言葉でまとめるように伝える。
5分	8 活用問題を解く。	・教師がいくつかの回路を提示し，それぞれの場合豆電球が点灯するかどうかを考える機会をつくり，確実な理解へとつなげる。

4 授業展開例

　本時は「明かりをつけよう」の単元の導入部分です。多くの子どもは豆電球を点灯させた経験はありません。また，経験のある子どもでも導線1本では点灯させることはできないと考えている場合が多くあります。

　そこで，まず教師が子どもたちに「導線1本で豆電球をつけることができると思う？」と問いかけます。すると予想どおり全員の子が無理だという反応を示します。それを受け，右のように中が子どもたちから見えないような装置で豆電球を点灯させてみせると子どもたちは大きな驚きを示します。

問題　導線1本と豆電球と乾電池をどのようにつなぐと明かりがつくだろうか。

　子どもたちは乾電池と導線，豆電球がどのようにつながっているか大変関心をもち，それぞれノートに予想を書きます。その際，文字だけではわかりづらいので必ず図を用いて書くように約束します。その後，それぞれの考えを発表します。この時点ではそれほどの強い根拠があるわけでもないので，それぞれの考えを紹介する程度にとどめます。もし，質問があれば簡単に出させます。多くの子どもたちの予想は導線の端が乾電池に，もう一方の端が豆電球についているものでした。

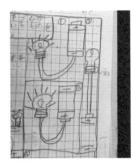

　自分の予想を基に実際に1本の導線，乾電池，豆電球を操作しながら豆電球がつくつなぎ方を追究していきます。このとき，以下の約束をします。
○ビリッときたらそのつなぎ方は間違い（きけん）。
○どことどこをつないだかをはっきりと書く。
○手で押さえているのが大変なときはセロハンテープでしっかりととめる。

　子どもたちは，待ちかねたかのように実験に入っていきます。
「ビリッときたからこれは間違ったつなぎ方だ」
「あれっ，おかしいな？　つかないぞ」
「今度は豆電球を直接乾電池に付けて…」
とつぶやきながらどんどん実験を続けていきます。

　はじめのうちはなかなか豆電球がつきません。しかし，1人がつき，2人がついていくうちに子どもたちは自然発生的に情報交換をしながら点灯する回路に気付いていきました。

頃合いをみて，結果を発表させます。その際，点灯するつなぎ方だけでなく，点灯しなかったつなぎ方についても発表させるようにします。そのことによって点灯するつなぎ方のきまりがより明確になってきます。なお，発表の際には教師が事前に準備した掲示用の乾電池と豆電球のイラストを使用させます。

　結果の発表が終わったら，全体を見ながら結果を基に考察を行います。

教　　師	黒板を見てください。豆電球が点灯するつなぎ方と点灯しないつなぎ方を比べてどんな違いがあるかな。
子どもA	点灯するほうは全体が輪のようになっていて，つかないほうは一直線みたいになっている。
子どもB	本当だ。全部丸く輪みたいだ。
教　　師	点灯するほうは確かに輪になっているね。導線，乾電池，豆電球のつながり方で何か気が付くことはあるかな。
子どもC	う〜ん…。あれ？　豆電球の横と下に導線と乾電池がつながっている。
教　　師	もう少しわかりやすく，言ってくれるかな。
子どもC	導線が豆電球の横に付いているときは乾電池が豆電球の下に，乾電池が豆電球の横に付いているときは導線は豆電球の下に付いている。
子どもD	他のも同じだ。

　このように子どもたちは考察の場面の対話の中で，豆電球が点灯するには回路が１つの輪になっていること，導線と乾電池が豆電球の横と下に別々につながっていることを発見することができました。

　振り返りとして，自分の言葉で豆電球が点灯する回路についてノートにまとめさせました。

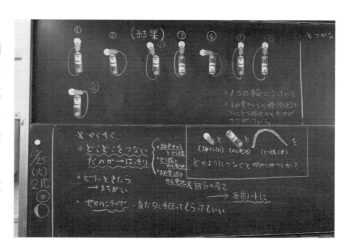

5　評価について

　最後に教師からいくつか回路を提示し，豆電球がそれぞれ点灯するかしないかを考えさせ，その理由についても簡単に考えさせます。

（白岩　等）

3年　昆虫の成長と体のつくり

カブトムシの体のつくりを考えよう

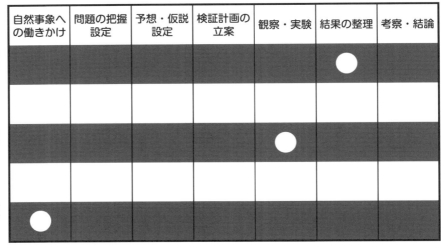

1 授業のねらい

昆虫の体が3つの部分に分かれ，特徴的な体のつくりをしていることに気付くことができる。

2 授業づくりのポイント

　昆虫は頭・胸・腹の3つの部分に分かれています。比較的捕獲しやすいアリやトンボの体を観察することで，昆虫の体が3つの部分に分かれていることがわかります。カブトムシは同じように頭・胸・腹に分かれていますが，どの部分が胸になるのかわかりにくい昆虫です。それ故に，問題意識を高めやすい観察になります。体の境がわかりやすい昆虫の観察で学んだことを活かして考える必要に迫られることにもなります。さらに，胸の部分がどこになるか，みんなで考えていく中で，胸の働きについても考えることになります。単に頭・胸・腹に分かれていることを知るだけではなく，分かれている意味まで考えて理解を深めていくことになります。

3 学習指導案

時間	児童の学習活動	教師の指導・支援
5分	1 カブトムシを見ながら，どこが頭・胸・腹になるか考えて図に描く。	・カブトムシの裏側から見た図を描いた紙を配り，頭・胸・腹と思うところを色分けして塗るように指示する。
5分	2 自分の考えと他の子の考えを比較する。	・紙に描けた子から，黒板に描くように伝え，お互いの考えを比較できるようにする。 （カブトムシの絵を描いた紙を貼るようにしてもよい） ・自分の考えと他の子の考えを比較することで，違いを知り，どこが胸になるのかという問題意識を高めることができるようにする。
	問題　カブトムシの胸はどの部分になるのだろうか。	
15分	3 頭・胸・腹を予想した図に，6本の脚を描いた後，グループで話し合いをしながら，どの部分が胸になるのか考える。	・昆虫の胸の特徴は何かを発問し，脚の位置に注目することができるようにする。その後，カブトムシの脚を観察し，予想で色分けした紙に，6本の脚をスケッチするように促す。
5分	4 クラス全体で話し合う。	・カブトムシの脚をスケッチした紙を見ながら，カブトムシの胸がどこになるのか，グループで話し合いをする時間を設定する。 ・グループによっては，話し合いが深まるように投げかけをする。 ・カブトムシは，頭の部分が小さく，胸の部分が大きくなる。見かけでは，胸の上の部分は頭に思えるので納得しきれない子もいることがある。全員で考えた結果を共有できるようにする。
	カブトムシの体は他の昆虫と同じように，頭・胸・腹に分かれていて，胸の部分に脚が6本ある。力が強いカブトムシは，胸の部分が大きい体のつくりになっている。	
10分	5 3色に色分けした紙粘土と爪楊枝を使い，カブトムシの模型を作る。	・紙粘土は少量の絵の具を混ぜるだけで色がつくので，3色の粘土を用意しておき，頭・胸・腹で色が違うカブトムシの模型を作る。それぞれの部分を爪楊枝でつなぎ，脚も爪楊枝で作るようにする。爪楊枝が切れないように折ると，カブトムシらしい脚ができる。（この活動は2時間目にじっくり取り組ませたい）
5分	6 本時の学習を振り返る。	・友達が作ったカブトムシを観察して，脚の位置など間違いがあれば作り直すようにする。

4 授業展開例

自分たちで育てたカブトムシや標本にしたカブトムシがあるとよいですが，なければカブトムシの写真を使うようにします。カブトムシを見ながら，これまでに学習した頭・胸・腹がどの部分になるのかを考え，各部分を色分けして絵を描きます。カブトムシの裏側（脚が見える側）から見た輪郭図（脚は描かれていない図）を用意しておくと時間を有効に使えます。

描けた子から，黒板に描いたり，描いた紙を黒板に貼り出したりすることで，自分の考えと友達の考えを比較することができます。

・体が2つに分かれているので，分かれた部分から下が胸になるのかな。
・体が2つに分かれているつなぎの部分が胸になるのかな。
・体が2つに分かれている上の部分が胸になって，角の部分だけが頭になると思う。

大きく分けると，このような考えをもつ子が多いようです。自分とは考えが違う子がいることで，次のような問題意識が高まります。

> 問題　カブトムシの胸はどの部分になるのだろうか。

ここで観察を行いますが，すでにカブトムシを見ながら予想をしています。観察の時間を設定するだけでは，考え直すことはできません。

そこで，観察の前に，昆虫の胸の特徴を確認するための発問をします。

「昆虫の胸には，どんな特徴があったでしょうか」

この発問による話し合いで，昆虫の脚の位置に視点がもてるようにします。そして，6本の脚を，頭・胸・腹を予想した図に描き込みます。

そして，脚を描いた紙，実物のカブトムシや写真を見ながらグループで観察を行います。カブトムシをみんなで見ながら，自然に話し合いが生まれることになります。

子どもA	脚があるところが胸ならば，頭に見えるところも胸ということになるのかな。
子どもB	でも，上の部分まで胸だと頭になる部分がないよ。
子どもC	よく見ると，角の下のところに目や口があるよ。ここの小さな部分が頭になるのかな。
子どもB	本当だ。でも，頭に比べて胸だけが大きすぎだよ。
子どもA	やっぱり，脚がある部分が胸になると思うよ。
子どもB	そうかなあ。カブトムシだけ例外的に頭に脚が2本だけあるのかもしれないよ。
子どもC	胸の途中に区切れがあるのもおかしい気がするし…。
子どもA	でも，頭から脚が出ているというのはやはりおかしいと思うよ。
教　師	脚があるところが胸だとすると，カブトムシは胸が大きい必要があるのかもしれないよ。
子どもA	胸が大きいと木につかまりやすい。
教　師	他にも胸の部分が大きいといいことがあるのかな。
子どもC	戦うときに力を出しやすい。カブトムシの力は結構強いよ。
子どもB	確かに，カブトムシにつかまれると，なかなか離せなくて痛いよね。

　生き物の体は生き抜くために必要なつくりになっています。カブトムシの生活をイメージして考えることができるような教師の投げかけが必要になることもあります。グループごとに観察した結果を板書し，結果を共有する場も設定していきます。

> 結論　カブトムシの体は他の昆虫と同じように，頭・胸・腹に分かれていて，胸の部分に脚が6本ある。力が強いカブトムシは，胸の部分が大きい体のつくりになっている。

5 評価について

　この後，3色（頭・胸・腹用）の紙粘土と爪楊枝を用意して，どこが頭・胸・腹と考えているかはっきりするカブトムシづくりを行います。体のつくりを理解しきれていない子は，胸以外のところに爪楊枝の脚を付けたり，3つの部分の境が不明確になったりします。物づくりは，子どもたちの理解度を評価すると同時に，子どもたちの振り返りを促す効果も期待することができます。

（鷲見　辰美）

3年 　　　　　　　　　　　　　　身近な自然の観察

理科の目で植物を観察しよう

	自然事象への働きかけ	問題の把握設定	予想・仮説設定	検証計画の立案	観察・実験	結果の整理	考察・結論
習得・活用・探究という学習プロセスの中での，問題発見・解決を念頭に置いた深い学び		○					
他者との協働や外界との相互作用を通じて，自らの考えを広げ深める，対話的な学び						○	
子どもたちが見通しをもって粘り強く取り組み，自らの学習活動を振り返って次につなげる，主体的な学び					○	○	

1　授業のねらい

> 身近な植物を，色，形，大きさ等の視点で観察し，比較することができる。

2　授業づくりのポイント

　子どもは，生活科の中で色水遊びやザリガニの飼育等を通して身の回りの「自然」に対する興味や関心を高めています。ここでは，まず「生物を共通の視点で観察すると比較できる」という「理科の目」に気付かせます。そして，身近な植物を，色，形，大きさ，手触り等の視点で観察し，それらを比較したり分類したりすることを通して，生物には共通点や差異点があることをとらえていく展開です。本時は観察の基盤となる見方・考え方を養う学習です。

　単元としては動物の姿や行動，植物と動物のつながりにも目を向けることが求められています。色，形，大きさの視点にこだわりすぎず，子どもの様々な気付きを話題に取り上げ，総合的に自然をとらえる意識を高めるようにします。

3 学習指導案

時間	児童の学習活動	教師の指導・支援
10分		・前日に校庭を回り，見本の植物を選ぶ。
	校庭へ出て，同じ植物をさがしてみよう。	
	1 グループで，見本と同じ植物をさがしに行く。	・はじめはノゲシの写真を見せ，主に花の色や形に目が向くようにする。
	2 さがしてきた植物を見せ合い，判断の手がかりになったことを伝え合う。	・途中で本物のノゲシを見せ，大きさにも気付くようにする。 ・4〜5人のグループで，植物の様子について話し合いながらさがしたり選んだりできるようにする。
	3 自然の生き物を見分けるためには，色，形，大きさ等を手がかりにするとよいことに気付く。	
20分	問題 植物には，どのような色，形，大きさ等があるだろうか。	
	4 色，形，大きさ，手触り等に注目して植物の観察を行う。	・観察カードを用意する。 ・虫眼鏡の使い方について指導する。 ・必要に応じて図鑑等を使えるように学習環境を整える。 ・危険な生物について注意を促す。
10分	観察したことを発表し，比べて仲間分けをしよう。	
	5 グループで，観察した植物の特徴を伝え合う。互いのカードを比較したり分類したりする。	・6〜7人のグループで，互いの観察記録をよく見ながら話し合えるようにする。 ・ホワイトボードを利用して，カードを並べ替えたり，気付いたりしたことを記入したりする。
5分	まとめ 植物には，いろいろな色，形，大きさ等がある。	
	6 本時の学習を振り返る。	・植物には，それぞれの姿があることを理解し，色，形，大きさ等に注目すると似ているところや違うところを比べることができることを理解できるようにする。

4 授業展開例

> 校庭へ出て，同じ植物をさがしてみよう。（参加する）

はじめに，ノゲシの写真を見せます。子どもは花の色や形に注目して「黄色い花，黄色い花」と言って探しに出かけます。ノゲシのほかに，ホトケノザやカタバミ等，似たものがある植物を見本に選ぶと盛り上がります。

校庭や近所の公園等に出て，直接花びらや葉に触りながら調べるようにしましょう。どれも雑草なので可能であればグループに1つ取ってこれるとよいです。子どもは持ってきたものと見本が本当に同じか，並べて比較をします。採取が困難であれば，デジタルカメラ等を利用しましょう。

教　　師	どうしてこの植物が同じだと思ったの。
子どもA	（タンポポは）花の色と形が似てるの。ほらここ。
教　　師	では，葉の様子はどう？
子どもB	見本となんか違う。大きさかな？ もう一度，見本をよく見せてください。
教　　師	では本物を見せます。これはノゲシという植物です。タンポポと比べてどう？
子どもC	うわ，大きい。花の色や葉っぱの形がよく似ているけど，すごく大きいね。葉がざらざらしている。
教　　師	（オニタビラコは）これはどう？
子どもD	花がすごく小さい。葉の形も違う。
教　　師	色，形，大きさに注目すると比べられるんだね。
子どもE	ほかにどんな色や形の植物があるかな。調べて比べてみたい。

ここで，本時の問題がはっきりします。

> 問題　植物には，どのような色，形，大きさ等があるだろうか。

問題を確認したら植物を選び，観察開始です。観察カードは，できるだけ絵で描き，表しきれないことを文で書くように指導します。特に花びらは，枚数や付き方が相手に伝わるように描くことを助言しましょう。

　ここは虫眼鏡等の拡大器具をはじめて使うところです。一人一人が本当にピントを合わせられているか，丁寧に指導する必要があります。観察カードにある虫眼鏡の欄は，技能が身に付いているかどうかの確認にもなりますし，子どもの観察意欲を高めるのにも効果的です。

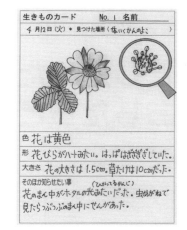

| 観察したことを発表し，比べて仲間分けをしよう。（外化する） |

　6～7人でグループを組み，観察した内容を伝え合います。グループに1枚大きめのホワイトボードを用意し，仲間分けをしてカードを並べ替えていきます。また，気付いたことや感想をボードにメモするよう伝えます。

> 仲間分けのポイント!!
> 花，花びら，葉，茎，全体のすがた等に注目して
> ・色で仲間分け！
> ・形で仲間分け！
> ・大きさ，高さで仲間分け！
> ・数で仲間分け！
> ・手触りで仲間分け！

子どもA　私はピンクの花を観察しました。花の形はリボンみたいでした。葉の形はハートでした。
子どもB　僕も薄いピンクです。花の色で仲間分けをしてみよう。
子どもC　花にはいろいろな色があるね。
子どもD　僕は白い花を観察しました。すごく小さい花です。葉の形はハートです。
子どもE　それ葉じゃなくて種だよ。
子どもD　本当だ，ナズナの種だ。葉は小さくて細長いんだね。
子どもA　私のは葉の形がハートだよ。
子どもF　ハートの形で仲間分けができるね。

5 評価について

　植物を色，形，大きさの視点で観察しているかどうかを観察カードの記録から見取ります。また，複数の植物の様子を色，形，大きさの視点で比較しているかどうかを仲間分けの際の発言やカード操作の様子から見取ります。

（野村　玲子）

4年　空気と水の性質

とじ込めた空気を
おしたらどうなるか考えよう

	自然事象への働きかけ	問題の把握設定	予想・仮説設定	検証計画の立案	観察・実験	結果の整理	考察・結論
習得・活用・探究という学習プロセスの中での，問題発見・解決を念頭に置いた深い学び							
他者との協働や外界との相互作用を通じて，自らの考えを広げ深める，対話的な学び			○	○			
子どもたちが見通しをもって粘り強く取り組み，自らの学習活動を振り返って次につなげる，主体的な学び	●		●	●			

1 授業のねらい

とじ込められた空気の様子をイメージし，それを確かめる実験を考えることができる。

2 授業づくりのポイント

　この授業に入る前に，空気でっぽうでたくさん遊ばせました。すると子どもたちは，どのようにしたら玉を遠くに飛ばせるのか，玉をたくさん入れたらどうなるのか，水を入れたらどうなるのかと，様々な方法を試していました。そこから，多くの気付きをする子どももいました。このような体験をさせることにより，意欲を増すことができると考えました。

　本時では，空気でっぽうの中の状態を「見える化」（可視化）することに重点を置いてみました。まずは，子どもたちのイメージを紙に書き，そしてそれをわかりやすくするためにはどんな実験をすればいいか，という話し合いをもちました。自分たちで考えた実験はもとより，他の班の実験の意味も理解し説明できる学びを目指しました。

3 学習指導案

時間	児童の学習活動	教師の指導・支援
3分	1 前時の復習をする。	・前時に行った活動での気付きを確認できるようにする。
	問題 とじ込められた空気に力を加えると，中の空気はどのような様子になるだろうか。	
10分	2 空気でっぽうに力を加えていったときの空気の様子をイメージ図で表す。	・力を加える前，前玉が飛び出す直前，前玉が飛び出した後の空気の様子をイメージ図としてかくようにする。 ・色を使ったり，記号を使ったりしてイメージを表現できるように助言する。
5分	3 自分の考えをグループで共有する。	・わからないことは質問するように声をかけていく。説明が苦手な子どもには，図を見せるように声をかける。
5分	4 全体で考えを共有する。	・各グループから1人を選び，全体の前で発表する場を設ける。 ・全体の発表から共通することを見つけられるようにする。 ・空気がおし縮められているかもしれないということに気付くことができるようにする。
10分	5 イメージが見えるようにするための実験の方法を考える。	・イメージしたものをどのようにすれば見えるようになるかをグループで考えられるようにする。どうしていいかわからないグループには身近にあるもので，何かできないかと声をかける。 ・とじ込められた空気のイメージを見えるようにするということを常に念頭に置くように伝える。
10分	6 全体で考えを発表する。	・自分たちで考えた実験方法を発表する。他の班の実験方法も可能な実験かどうか考えながら聞くように声をかける。
2分	7 本時のまとめをする。（方法別）	（マシュマロの実験方法を考えた例）
	筒の中にマシュマロを入れ力を加えたとき，マシュマロが全体的に小さくなれば，中の空気も全体的におし縮められていると考えられる。	

4 授業展開例

　前時に，空気でっぽうで玉を飛ばす体験をたくさんさせました。自由試行の中で，子どもたちは面白いことをいろいろとやり始めます。「たくさん玉を入れたらどうなるか」「走りながら玉を遠くに飛ばす」「水を入れる」「玉を斜めに入れる」など多くのことを試していました。

　本時に入り，「どうして玉は飛んだのだろう？」という疑問を投げかけるところから始めました。するとこんな答えが子どもから返ってきました。

　「空気が我慢できなくなった」「玉を斜めに入れたら飛ばなかったから，空気の逃げ場所があっては駄目だ」「空気がパンパンになった」「圧縮されたんだよ」「空気が戻ろうとしているんだ」など。全体で確認した後，子どもと話し合いながら問題を作りました。

> 問題　とじ込められた空気に力を加えると中の空気はどのような様子になるだろうか。

　問題の提示後，子どもたちに筒の中の空気のイメージを描かせました。

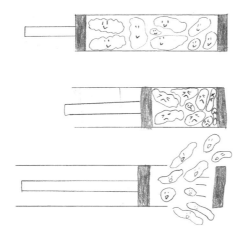

　左の図は一例ですが，いろいろな表現方法で筒の中の空気の状態を表していました（他にも○で表したり，色の濃さで表したりしていました）。その後，班の中で，説明し合いました。説明が苦手な子どもも，図を見せることで，友達の理解を得ていました。

　全体で確認をすると，やはり空気はおし縮められているという仮説を立てることができました。

　今度は，子どもたちに「空気の様子を何とかして目で見るようにすることができないか」という疑問を投げかけてみました。ポイントは「空気がおし縮められている様子がわかること」または「おし返していることがわかること」としました。

　すると自らの経験を踏まえてグループで考え始めました。はじめはかなり戸惑っていましたが，次々と面白いアイディアが生まれてきました。

子どもA　空気に色をつけられないかな？
子どもB　絵の具は使えないしな…。
子どもC　色つけるなら，ドライアイスはどう？？
子どもA　それ，いい。でも消えちゃうよね？
子どもC　煙にすればいいんだよ。

　このグループは煙を中に入れるという実験を考え出しました。

子どもA　中に物を入れれば，いいんじゃない？
子どもB　紙を入れればいいんだよ。
教　　師　紙がどうなったら空気がおし縮まったとわかるのかな？
子どもC　紙は小さくなればいいけど，わかりづらくない？
子どもB　わかった。綿を入れればいいんだ。
教　　師　綿も面白いかもね。ただ，綿はたくさん穴があいているよね。
子どもA　マシュマロとかどう？
子 ど も　それいいかも。

　このグループはマシュマロを中に入れるという実験を考え出しました。

　グループで話し合ったことを全体で話し合い，よりわかりやすい方法をみんなで考え出しました。

各グループの考え	全体でまとめた考え
・紙・ティッシュ・綿・パンの中身を入れる	→ マシュマロを入れる
・砂煙をおこす・ドライアイスを入れる	→ 煙を中に入れる
・ビーズを入れる・発泡スチロールの玉を入れる	→ 洗剤の泡を作って入れる

　自分たちの考えた実験の結果を予想させた後，今回の授業を終わりとしました。

5　評価について

　本時の評価場面では，実際に実験をやってどのような結果になるかを想定できる子どもの姿を目指します。具体的には，マシュマロを選んだグループは，「マシュマロ全体が小さくなる」という結果の予想を図解で説明でき，仮説，実験方法，結果の予想の整合性がたもたれていれば，本時の目標を達成したとします。

（櫛引　歩）

4年 金属，水，空気と温度

結果まで見通した実験計画を比べ，適切な実験を選ぼう

	自然事象への働きかけ	問題の把握設定	予想・仮説設定	検証計画の立案	観察・実験	結果の整理	考察・結論
習得・活用・探究という学習プロセスの中での，問題発見・解決を念頭に置いた深い学び				●			●
他者との協働や外界との相互作用を通じて，自らの考えを広げ深める，対話的な学び				●			
子どもたちが見通しをもって粘り強く取り組み，自らの学習活動を振り返って次につなげる，主体的な学び		●					

1 授業のねらい

適切な実験を行い，空気の温まり方について説明することができる。

2 授業づくりのポイント

　小学校第4学年では，水，金属，空気の温まり方について学習をします。前時までの学習で子どもは，水と金属の温まり方について，実験を通じて明らかにしています。

　本時では空気の温まり方について学習します。その際に，子どもたちが単に問題を解決するための実験方法を考えるだけでなく，得られるであろう結果を見通した上で空気を温める実験方法の比較を行い，より適切な実験について判断します。その後，実験を行い，問題について結論を導き出した後は，温めることとは逆の冷やす場合を考え，学習したことを活用しながら，空気の性質についてさらに深く学んでいきます。

3 学習指導案（2時間扱い）

時間	児童の学習活動	教師の指導・支援
5分	1 前時の復習をし，本時で追究する問題を見出す。	・前時までの学習で，水と金属の温度変化と体積変化について明らかにしたことを振り返る。 ・その他の物質として，空気の場合について問題意識をもつように働きかける。
	問題 空気はどのように温まっていくか。	
15分	2 空気の温まり方について予想をし，どのような実験方法で確かめられるかを考える。	・水や金属の温度変化について学習したことを踏まえながら，予想をさせるようにする。 ・実験方法を考える際には，教師側から使える道具を提示して，実験方法を考えられるようにする。
15分	3 実験方法の検証を行う際に，自分たちの予想が正しいならば，どのような結果が得られるのかについてグループで話し合い，明らかにする。	・考えた実験方法を出し合い，その実験を行った場合，どのような結果が得られるかについてあわせて考えられるようにする。 ・どのような結果が得られるかを踏まえた上で，適切な実験方法について検討する時間を設ける。
10分	4 全体で考えを共有する。	・グループで行った実験の結果を発表し，どのような結果が得られるかをあわせて考え，実験方法を決定できるようにする。
20分	5 実験の準備をし，実際に行う。	・実験の際には，熱源を扱うため，火傷等のけがに十分注意させるようにする。
5分	6 実験の結果を共有する。	・得られた結果を発表し，各グループで事前に考えていた結果の予想と比較する時間を設ける。
5分	7 実験の結果から，考察を行う。	・結果を証拠として，空気の温まり方について，考察を行う時間を設ける。
	結論 空気は温められると下から上に動く。	
15分	8 温めた場合とは逆の，冷やした場合について，空気がどうなるかを予想し，検証を行う。	・空気が温められる場合を考えてきたことについて振り返り，逆の場合である，空気を冷やした場合がどうなるのかについて問題意識をもち，予想をするために話し合いの場を設定する。 ・予想したことが正しいかどうかについて，実験を行い，確かめ，空気を冷やすと，上から下のほうへ動くことを確認できるようにする。

4 授業展開例

　前時までの学習で，水や金属の温まり方について，学習してきました。本時では，その学習を振り返るところから始め，他の物質について考えることに着目させ，空気という対象を設定し，空気の温まり方について問題を設定しました。このように，いろいろな物質を取り扱う単元では，他の物質に目を向けることで，子どもが問題を見出しやすくなります。

　予想の場面では，ほぼすべての子どもが下から上に動いていくと予想をしました。その際，予想を確かめる実験方法を一緒に考えました。ただし単に実験方法を構想するのではなく，主に用いる道具を提示して，構想します。本時で提示した道具はビーカー，温度計，線香，電熱器（空気を温めるためのもの）です。このような手立てをとる理由は次の２点です。１点目は，実験を構想することに苦手意識をもつ子どもにとっては，使える道具が提示してあると，考えやすくなるためです。２点目は，本時で適切な実験方法を考えるために，温度計を用いる場合と線香を用いる場合の２つの実験を比較するためです。以上のような手立てをとると，子どもは右に示すような２通りの実験方法を構想しました。

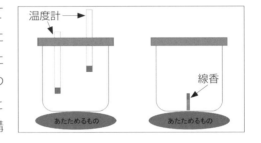

　次に，これらの実験方法から，自分たちの予想が正しいならば，どのような結果が得られるかをグループで考えました。このように，得られるであろう結果を予想することで，実験結果を得るための視点について明確にするとともに，実験意欲を高めることができます。本時では，グループで話し合わせ，両方の実験について，結果の予想をさせました。すると，左側の実験では，下の温度計のほうが早く高くなっていくという結果が得られるということでした。また右側の実験では，線香の煙が，下から上に動くという結果を予想していました。

　グループで結果の予想について明らかにした後，どちらの実験が本時の問題を確かめるのにより適切な実験なのかを「証拠」をキーワードにして全体で検討しました。本時では，より強い証拠が得られる実験はどちらかという視点に基づいて，実験を選択することを目指しました。この「証拠」をキーワードにするという点については，日々の実践の中で，実験で得られる結果を証拠として，考察がなされているということに着目させていることに由来しています。本時では次のように発問しました。

教　師　この問題について，みなさんが実験を考え，結果も予想することができました。では，どちらの実験をすれば，より強い証拠が得られると思いますか。

子ども	（多くの子どもが）右の実験。
教師	なぜ，右の実験なのですか。
子ども	今，空気の動きを調べているので，温度は関係ないと思うからです。
教師	なぜ動きを調べる場合には，線香がよいのですか。
子ども	風が吹くと，煙が反対方向に行くじゃないですか…。
教師	（板書をしながら）あなたのイメージしているのは，煙突の煙のようなこと？
子ども	はい。だから，線香の煙も一緒で，煙が動いているということは空気も動いているということになります。
教師	煙の動きと空気の動きを重ねているのですね。
子ども	（右の実験のほうが）実際に見えているし…。
教師	どういうこと？ 詳しく教えてください。
子ども	左の実験は，空気の動きが見えないけど，右の実験のほうは実際に見えて，強い証拠になると思う。

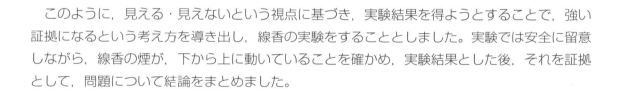

　このように，見える・見えないという視点に基づき，実験結果を得ようとすることで，強い証拠になるという考え方を導き出し，線香の実験をすることとしました。実験では安全に留意しながら，線香の煙が，下から上に動いていることを確かめ，実験結果とした後，それを証拠として，問題について結論をまとめました。

> 結論　空気は温められると下から上に動く。

　最後に，空気を温めた場合について学習してきたことを振り返り，その逆を考えさせることで，子どもたちに，空気を冷やした場合についての問題意識をもたせました。そして，「空気を冷やしたらどう動くのか」という問題を設定させ，予想をさせました。実験から，煙が下のほうへ動く現象を確認しました。この手立てをとることで，空気の学習事項を活用し，より深い学びが可能になると考えます。

5　評価について

　実験方法を考える際に，結果の予想をして，適切な実験を理由とともに明らかにしているか，また，結論で得たことを活用する際に，その授業で明らかにしたことを用いて考えて自然事象について説明しているかを発言やノートの記述を基に行いました。

（志田　正訓）

4年　電気の働き

メリーゴーラウンドが回転する速さを変えられるか考えよう

	自然事象への働きかけ	問題の把握設定	予想・仮説設定	検証計画の立案	観察・実験	結果の整理	考察・結論
習得・活用・探究という学習プロセスの中での，問題発見・解決を念頭に置いた深い学び						○	○
他者との協働や外界との相互作用を通じて，自らの考えを広げ深める，対話的な学び				○	○		
子どもたちが見通しをもって粘り強く取り組み，自らの学習活動を振り返って次につなげる，主体的な学び	○	○					

1 授業のねらい

> 2本の乾電池のつなぎ方によってモーターの回転速度が変わる理由について気付くことができる。

2 授業づくりのポイント

　本単元では，回路につないだモーターの回転速度に着目し，変化の要因を追究することを通して，乾電池のつなぎ方によって電流の大きさが変化することをとらえます。

　アクティブ・ラーニングの実現に向け，本実践ではメリーゴーラウンドを教材化します。一般的に扱われる「モーターカー」や「プロペラ」と比較すると，対象となる教材自体が移動しないため，モーターの回転速度やその変化の様子がとらえやすくなります。グループの仲間と事象を囲みながら考察や結論についての議論も行いやすくなり，対話的な学びの実現に有効だろうと考えられます。

3 学習指導案

時間	児童の学習活動	教師の指導・支援
3分	1 乾電池を2本にしてメリーゴーラウンドの回転速度を変えるという本時の目標をもつ。	・電気エネルギーの大きさを乾電池の数でとらえている。電池の数が増えると働きも強くなるはずだ，という素朴概念を引き出し，活動への見通しをもてるように促す。
	問題　乾電池を2本にすると，メリーゴーラウンドの回転を速くできるだろうか。	
7分	2 グループごとに回路をどのようにつないだらよいかを話し合う。	・第3学年での回路の概念に加え，前時までに学習した電流の向きの概念を用いて仮説を立てるように働きかける。電流を意識することで，単に乾電池の数を増やすだけではなくつなぎ方も考えられるように促す。
10分	3 考えた方法で実際に回路を作成し，メリーゴーラウンドが回転する様子を観察する。	・乾電池を増やすとメリーゴーラウンドの回転の様子がどのように変化したかを具体的にとらえられるようにする。視覚的に回転が速まっているというだけではなく，一定時間の回転数を数えたり，ぶら下げたおもりが浮き上がる様子をとらえたりできるようかかわる。
10分	4 結果を基に考察したことをグループごとに議論する。	・グループごとに，見通しに対して結果をどのように考察できるか，問題に対してどのような結論が導かれるかを議論できるようにかかわる。
10分	5 各グループの結論を交流する。	・各グループの結論を引き出し合い，乾電池のつなぎ方によって回転速度が変わるという結論へと焦点化できるようにする。
	結論　乾電池を2本にすると，つなぎ方によって回転する速さを変えられる。	
5分	6 乾電池のつなぎ方によって電流の大きさが変わるのではないかという見通しをもち，次時につなげる。	

4 授業展開例

前時までに子どもたちは，回路にモーターをつなげるとモーターが回転することや，乾電池の向きを変えるとモーターが回転する向きも変わることをとらえています。

本時では，そのようなモーターの特性を活かしたメリーゴーラウンドづくりの活動を通し，乾電池の数を増やして回転を速くしてみたいという目的意識をもって学習に取り組みます。

> 問題　乾電池を2本にすると，メリーゴーラウンドの回転を速くできるだろうか。

まず，どのようなつなぎ方が考えられるかをグループで話し合い，実験への見通しをもちます。その際，電流の向きを意識しながら回路を考えるようにします。そうすることで，結果を考察する際に，電流を意識しながら議論することができます。次に，話し合ったことを基に実験を行います。ここでは，つなぎ方や回転速度の違いを子どもがとらえられるよう教師はかかわります。

子どもA　見て見て，すごく速くなったよ。
子どもB　乾電池1本のときと比べておもりがこんなに高く上がっているよ。
子どもA　本当だ。ずいぶん高くまで上がるようになったね。
教　師　なるほど。ところで，乾電池が1本のときはどれくらいの高さだったのかな。
子どもB　これくらいだったかな。もう1回試して測ってみようかな。
教　師　面白いね。回転する速さも調べられたらいいね。
子どもA　だったら，1分間で何回ぐらい回ったかも数えてみようよ。

このようにして，子どもは乾電池を2本にしたときの回転の様子を乾電池1本の場合と比較しながらとらえていきます。速度の変化を回転数やおもりの高さなどに着目して具体的にとらえていくことで対話が深まっていきます。さらに，並列つなぎにしたときの回転の様子についても乾電池1本の場合の回転の様子と比較しながら具体的にとらえさせることで，問題意識をもたせていくようにします。

子どもC　あれ，乾電池を2本つないでいるのにあまり速くないよ。電池がなくなったのかな。
子どもD　それなら，こっちの電池を使ってみたら？
子どもC　電池を変えてみても，やっぱり遅いね。電池のせいではないみたい。
子どもD　おかしいなあ。それならもう一度，さっきのつなぎ方（直列）に変えてみようよ。

このように，事象を囲みながら対話的に学ぶことを通して変化の要因を追究します。一方，別のグループでは並列つなぎでのモーターの回転速度に疑問をもち，直接比較も行いました。

子どもE　乾電池を2個つないだら，速くなる場合と速くならない場合があるのかな。
子どもF　だったら，こっちの班と協力して2つ作って並べてみようよ。
子どもE　なるほど，それならはっきりするね。
　　　　　　じゃあ僕たちの班はこっちのつなぎ方（直列）を作ってみるよ。

　このように，対話的な学習を通して様々な実験方法が引き出されます。モーターの働きがどれくらい変化したのかについて，量的な着眼点をもって明らかにしていったのです。

子どもG　このつなぎ方（並列つなぎ）は乾電池1本分とあまり変わらないみたいだね。
子どもH　そうなんだよ。試しに1本だけ乾電池を外してみても，ずっと同じように回り続けるよ。
子どもG　え？　本当。（実際にやってみる）本当だ。ずっと同じように回ったままだ。

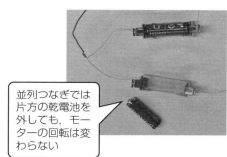

並列つなぎでは片方の乾電池を外しても，モーターの回転は変わらない

　以上のように，様々な方法で実験の結果をとらえ，2本の乾電池のつなぎ方によってモーターが回転する様子が変化することをとらえました。さらに，「つなぎ方によって電流の大きさが違うのではないか」という次時への見通しを引き出し授業が終了しました。

> **結論**　乾電池を2本にすると，つなぎ方によって回転の速さを変えられる。

5　評価について

　評価は，問題に沿って観察・実験を行っているか，事象の変化を具体的にとらえられているか，という視点で行います。机間指導やグループ内の交流にかかわりながら，乾電池を2本にして回路をきちんと作っていることや，モーターの回転の様子を具体的な着眼点をもってとらえていることを見取り指導していきます。
　特に並列つなぎにした場合，子どもは「乾電池を2本にしたのだからモーターの回転も速くなっているはずだ」という見通しをもって観察・実験を行います。ですから，直列つなぎと比較してモーターの回転が遅い，という事実だけではなく，乾電池1本の場合と比較してモーターの回転はほぼ変わらない，という事実もしっかりとらえるためには，変化の様子をとらえる手立てを子どもがもてるよう指導し評価することが大切です。

（播磨　義幸）

4年 　　　　　　　　　　　人の体のつくりと運動

関節は曲がり方によって つくりも違うのか考えよう

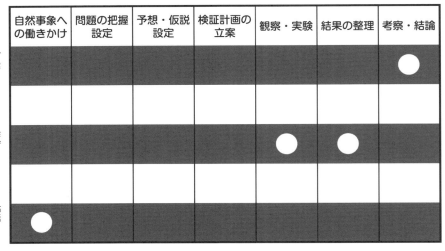

1 授業のねらい

> 模型などの資料を使って関節のつくりを調べ、その曲がり方と関係づけることができる。

2 授業づくりのポイント

　本単元では、骨格や筋肉などの人の体のつくりをとらえ、それが運動と結び付いていることを学習します。また、レントゲン写真や骨格模型など、様々な資料教材を手がかりにしながら、理解を深める展開も本単元の特徴です。実感を伴った理解が図れるよう、自分の体に触れながら、そのつくりを確かめる活動や、様々な動作を実際に行うことで、つくりと運動を関係づけてとらえていく活動を授業に位置づけます。他の動物の体のつくりとの比較についても、骨格の特徴とその動物の運動の様子と結び付けてとらえることで理解が一層深まっていくだろうと考えます。

3 学習指導案

時間	児童の学習活動	教師の指導・支援
5分	1 前時の学習を想起し，関節の位置や曲がり方について振り返る。	・前時までに調べた関節の位置や曲がり方を比較し，差異点や共通点を見つける活動を通し，問題を見出す。
	問題　関節は曲がり方によって，つくりも違うのだろうか。	
5分	2 グループごとに関節による曲がり方の違いを話し合う。	・日常生活で行う動作を想起し，関節ごとに曲がる方向が異なることや，その曲がり方にはいくつかの特徴があることに気付くようにする。
10分	3 曲がり方の違いに着目しながら，関節のつくりについての仮説をもつ。 ・一方向に曲がる関節 ・ある範囲まで回転する関節 ・広範囲まで回転する関節	・関節の曲がり方の特徴を3つのタイプに分類し，それぞれの関節のつくりを考えられるようにする。一方向にのみ曲がる関節のつくりについては仮説を立てやすいが，可動域が広範囲になる関節のつくりについてはなかなか見通しをもちにくいので，実際に自分たちの関節に触れながら考えていくことができるようにする。
10分	4 レントゲン写真や模型を使って，関節のつくりを調べる。	・写真資料や模型からわかる関節のつくりを，実際の曲がり方と関係づけながらとらえられるようにする。
10分	5 結果を基に考察する。	・模型を動かしたり自分の体と比較したりしながら関節の動きとつくりを結び付けて考えていくことができるようにする。
5分	結論　関節のつくりはレントゲン写真や模型を使って調べるとよくわかる。関節は曲がり方によってつくりの特徴も違っている。	

4 授業展開例

前時までに，腕や足の関節の位置や数を調べ，それが体の動きと関係していることをとらえています。本時では，そのような体のつくりと動きの関係をより詳しく調べ，自分の体についての理解を深めようと目的意識をもって学習に取り組みます。

> 問題　関節は曲がり方によって，つくりも違うのだろうか。

人間は片方の腕だけでも肩，肘，手首の3か所と親指に2か所，他の指に3か所ずつ，合計17か所の関節があることを調べています。それぞれの関節は，曲がるという機能は共通していますが具体的な曲がり方は多様です。本時はその多様な曲がり方について考えることから関節のつくりに着目し，資料などを使ってその特徴をとらえることをねらっています。

まずはグループごとに関節による曲がり方の違いを話し合います。実際に関節を動かしながら，その動きを考えていきます。

子どもA　指の関節はどれも同じ方向にしか曲がらないよ。
子どもB　確かにそうだよね。物を持つときに，反対に曲がったら困るよね。
子どもA　そうだね，肘や膝も決まった方向に折れ曲がるよ。
子どもB　反対に曲がったら怖いよね。関節はどのような仕組みになっているのかな。
子どもC　肩はいろいろな方向に曲がるね。どうなっているんだろう。
子どもB　手首や足首も少しだけ回るね。あ，首もそうだ。
子どもC　でも肩が一番回りやすいね。あちこちの方向に回すことができる。

このような対話を通して，関節の可動範囲について実際の動かしたときの様子と関係づけながら考えていきます。まず，子どもがそのつくりに最も注目したのは肩の関節でした。どのような仕組みで回転するのか不思議に感じたようでした。そこで関節を3つの曲がり方に分け，それぞれどのような仕組みで曲がっているのかを予想できるようにします。

【関節による曲がり方の違い】
1　指や肘のように，一方向に曲がる関節
2　足首や首のように，ある範囲だけ回転する関節
3　肩や足の付け根のように，広範囲まで回転する関節

一方向に曲がる関節のつくりについては蝶番などと重ね合わせながら予想が絞られてきますが，回転する関節のつくりについては，いろいろな意見が出され見通しが広がります。

子どもD　肩が動くのはネジみたいな仕組みになっているからかな。
子どもE　でもそれでは横に回るだけだから，肩はこんな動き（ぐるぐる回転）しかできないことになるよ。
子どもF　だったら人形みたいに紐のようなものでつながっているのではないかな。

このような話し合いを通し，関節がどのようなつくりになっているのかを明らかにしたいという思いが強くなっていきます。そこで，関節のつくりをより詳しく調べる資料として，レントゲン写真，骨格模型，腕の関節模型などを提示し，それらを使って調べる活動に取り組みます。

子どもI　ほら，やっぱり肘の関節はこんな形だったんだ。
子どもJ　へえ。これでよく外れないな。
子どもI　指の関節も肘の関節とつくりが似ているよ。
子どもJ　肩の関節や足の付け根の関節は玉みたいな骨でつながっているね。だからぐるぐる回すことができるんだね。
子どもK　関節は思っていたよりもたくさんあるな。確かに，動くところは体中にたくさんあるよ。
子どもL　触ってみたらこんなところにも関節があるのがわかる。

こうして子どもは関節のつくりと曲がり方を関係づけながら理解を深めていきます。

本単元は，資料を使って教師が一方的に説明することに終始しないよう考慮したいものです。そのためにも，事象の観察を活動の中心にし，子どもの主体性を引き出しながら学習を展開します。自分の体に直に触れることと，対話的に他者とかかわることを通して，目的意識をもった追究を生み出すことで，そのような学習展開が実現されると考えます。

模型からわかる骨のつくりを手首の動きと関係づける

5 評価について

評価の観点は，関係性に着目しているかどうかが重要になります。単にレントゲン写真や模型などの資料を調べて関節のつくりを知るだけではなく，それが関節の曲がり方とどのように関係しているのかについての見通しをもったり考察したりしているかを，ノートや発言から見取って評価していきます。

（播磨　義幸）

4年 　　　　　　　　　　　季節と生物（秋）

山の紅葉は，なぜ早いか
気温と関係づけて説明しよう

	自然事象への働きかけ	問題の把握設定	予想・仮説設定	検証計画の立案	観察・実験	結果の整理	考察・結論
習得・活用・探究という学習プロセスの中での，問題発見・解決を念頭に置いた深い学び		●					
他者との協働や外界との相互作用を通して，自らの考えを広げ深める，対話的な学び					●		
子どもたちが見通しをもって粘り強く取り組み，自らの学習活動を振り返って次につなげる，主体的な学び							●

1 授業のねらい

　山のほうが学校周辺よりも紅葉が早く始まる理由を気温と関係づけて説明することができる。

2 授業づくりのポイント

　本単元では，子どもが身近な動物や植物の継続的な観察を通して，季節ごとの動物の活動や植物の成長の変化に気付き，それらを気温の変化と関係づけてとらえることができるようにすることが大切です。

　本時は，秋における植物の変化の中でも「紅葉」に焦点を当てます。子どもは，日常生活や生活科の学習などにおいて，植物の中には紅葉するものがあることは知っています。しかし，気温の変化と紅葉を関係づけて考えることは，ほとんどありません。山の上から始まる「紅葉のリレー」の順番とその理由を考えさせることで，気温が下がったことによる秋の植物の変化を調べる意欲や，地域の自然に対する愛着をもたせることができると考えます。

3 学習指導案

時間	児童の学習活動	教師の指導・支援
5分	1 地域の山の写真を見て気付いたことを話し合い，問題を見出す。	・紅葉が始まった地域の山（本事例では，吾妻山。標高およそ2000m，市内にあり学校からも見える）の写真を提示する。 ・山の植物は紅葉しているが，学校周辺の植物はまだ紅葉していないことに気付いた子どものつぶやきを全体に広め，本時の問題を見出すことができるようにする。
	問題　どうして山のほうが先に紅葉するのだろうか。	
5分	2 予想をノートに書き，全体で話し合う。 ・標高が高いから。 ・気温が低いから。　　　など	・予想を話し合わせる中で，北の地方では平地でも紅葉が始まっていること，地域にある標高の低い山（標高275mの信夫山）はまだ紅葉していないことなどから，標高が高いから紅葉するのではなく，気温が紅葉と関係しているのではないかと考えることができるようにする。
15分	3 調べる方法を共有し，実際に調べる。 ・吾妻山の気温や植物の様子をタブレットPCで調べる。 ・学校の気温を百葉箱で調べる。 ・紅葉しそうな植物を観察する。 　　　　　　　　　　　　　など	・吾妻山の気温や植物の様子を調べたり，これから紅葉しそうな植物の様子を写真で撮ったりすることができるように，タブレットPCを準備する。 ・他地域の学校と交流して調べることも考えられる。 ・子どもが気温を継続して調べたいと考えた場合に備え，自動記録温度計を使えるようにしておく。 ・イチョウの実は，アレルギーを引き起こす可能性があるので，素手で触らないように注意喚起する。
10分	4 結果を全体で共有する。 ・学校のイチョウはまだ紅葉していないが，実がついている。 ・吾妻山の山頂付近の気温は，学校より10度ほど低い。　　　など	・タブレットPCで調べたことや，観察した植物の写真などを全体で共有できるように，電子黒板等を準備する。 ・山の気温は学校より低いこと，標高が高くなるほど気温が低くなることを確認する。
7分	5 結果を基に考察し，今後の学習の見通しを立てる。	・机間指導をしながら，山のほうが学校周辺より気温が低いという結果を基にして，植物の紅葉と気温の変化を関係づけて考察できるように支援する。 ・今後，学校周辺の気温が下がれば，紅葉が始まるだろうと見通している子どもの考えを広める。
3分	6 本時の学習を振り返る。	・本時の学習を通して見つめ直した植物の変化や，さらに調べたいことなどをまとめる。
	結論　山のほうが気温が低いので，先に紅葉すると考えられる。（これから確かめよう）	

4 授業展開例

　本時は，暖かい季節から寒い季節に移る秋の植物の変化に興味をもち，気温の変化と植物の様子を関係づけて考えることができるようにするため，「紅葉」に焦点を当てました。

　導入では，カエデ，イチョウ，ブナなどが紅葉し始めた吾妻山の写真を提示しました。子どもたちは「赤や黄色が鮮やかで，きれいだね」「紅葉しない木もあるよ」などと気付いたことを話し始めました。さらに「校庭のイチョウはまだ…」などと，学校周辺の植物はまだ紅葉していないことについて話し始めた子どもを何人か指名し「同じ市内なのに，どうして吾妻山は学校より先に紅葉が始まっているのかな？」という子どもの疑問から本時の問題を共有しました。

> **問題**　どうして山のほうが先に紅葉するのだろうか。

　子どもたちは，当たり前だと思っていた紅葉について，改めて考えることに戸惑いながら予想し始めました。

子どもA　私は気温が低いからだと思う。この前，北海道の紅葉のニュースを見たのだけれど，寒い地域のほうが紅葉するのが早いのかなと思って。

子どもB　僕は夏休みに吾妻山に登ったのね。そのとき，半袖じゃ肌寒いぐらい涼しくて，山の上は気温が低いと思ったから，気温が関係していると思う。

教　師　北の地方も，山の上も気温が低いということが共通しているのですね。

　そこで子どもたちは，まず吾妻山の気温をタブレットPCを使って調べることにしました。

子どもC　（タブレットPCの画面を見せながら）見て！山頂付近は10度ぐらいしかないよ。

子どもD　本当だ。ここより10度以上，気温が低いんだね。

子どもE　北海道の気温と比べてみようか。

子どもC　旭川は，だいたい10度だ。

子どもD　じゃあ，吾妻山も北海道も，同じぐらいの気温なんだね。

　次に，子どもたちは校庭に移動して百葉箱で気温を測り，毎年きれいな黄色に紅葉するイチョウの木を観察することにしました。

子どもE　（温度計の目盛りを読んで）22度だね。
子どもF　タブレットで調べた吾妻山の気温と10度以上差があるよ。
子どもG　だから，まだ紅葉していないのかな。校庭のイチョウを見にいってみよう。

子どもE　やっぱり，まだ葉が緑色だね。
子どもF　ん？　なんか臭くない？
子どもG　ギンナンだよ。ほら，実が落ちている。
子どもE　この前までなかったのに。雌の木の下にだけ実が落ちているね。
子どもG　この中に種子があるんだよね。
子どもF　紅葉する頃には，すべての実が落ちてしまうのかな。

　理科室に戻り，調べた結果を全体で共有しました。そして，吾妻山の山頂付近の気温は学校より10度以上低いこと，標高が高くなるにつれて気温が下がること，現在紅葉している吾妻山と北海道の気温がほぼ同じであることを基に，考察をしました。
　（他地域の気温については，全国の他校と交流して調べる展開も考えられます）

子どもH　山のほうが先に紅葉するのは，気温が低いからだと考えます。なぜなら，紅葉の時期が早い吾妻山も北海道も同じように，学校より10度以上気温が低いからです。
教　　師　紅葉と気温を関係づけて，よく考えていますね。では，そのことはどうしたら確かめられそうですか？
子どもI　これから学校の気温が低くなって，紅葉したら確かめられると思います。
子どもJ　学校の気温を毎日測ったほうがいいと思います。
子どもK　気温がだいたい何度になると紅葉するのか，わかるかもしれません。
教　　師　そんなきまりがわかったら，紅葉の時期を予想することができますね。

> 結論　山のほうが気温が低いので，先に紅葉すると考えられる。（これから確かめよう）

5　評価について

　評価は，紅葉と気温の変化を関係づけて考え，自分の言葉で説明することができたか，発言やノートの記述を基に行いました。

（菅野　望）

4年　　　　　　　　　　　　　　　　　　　　天気と気温

集めた多くのデータから天気と気温の関係について調べよう

	自然事象への働きかけ	問題の把握設定	予想・仮説設定	検証計画の立案	観察・実験	結果の整理	考察・結論
習得・活用・探究という学習プロセスの中での、問題発見・解決を念頭に置いた深い学び	○						
他者との協働や外界との相互作用を通じて、自らの考えを広げ深める、対話的な学び						○	
子どもたちが見通しをもって粘り強く取り組み、自らの学習活動を振り返って次につなげる、主体的な学び			○				○

1 授業のねらい

天気による、一日の気温の変わり方について分析することができる。

2 授業づくりのポイント

　子どもたちは3年生で、太陽の動きの観察や地面の温まり方の学習を通して、気温の測定の仕方や日光が当たると物が温まることを学んでいます。3年生で習得した見方・考え方および知識を活かして、本時は子どもたちが話し合いながら問題を解決する深い学びの姿を育てます。気温と天気の関係について、子どもたちが集めたデータから共通点を見出し、結果を整理していきます。本時の学びで見出した「天気による一日の気温の変化」の特徴を活かし、天気予報を基にした気温予想や服装予想など、他の子どもなどに発信する活動を仕組みます。目的意識をもって問題解決を行い、他者と協働して収集した結果を分析し、その結果を生活に活かすことで、主体的な姿を育てていきます。

3 学習指導案

時間	児童の学習活動	教師の指導・支援
3分	1 前時の活動を想起する。	・天気と気温の変化について，学習問題を振り返る。 ・調べた10日間の天気（雲量）の変化を振り返り，問題意識を高める。 ・今まで各自が調べてきたデータについて整理できるようにする。
	問題1　天気と気温の変化の関係はどのような関係になっているのだろうか。	
10分	2 個人でデータを処理し，グラフに表す。	・気温のデータを折れ線グラフに表し，特徴をまとめるように促す。
10分	3 グループで，それぞれの担当した日の天気と気温の関係を発表する。	・それぞれの作成したグラフを基に，天気が異なると，一日の気温の変化はどういう特徴があると言えるか，話し合う。
5分	4 グループで議論し，きまりを見出す。	・天気によって気温の変化が異なることを見出せるようにする。
	5 全体で，きまりを見出す。	・晴れの日と曇りや雨の日の特徴を導き出すようにする。
10分	6 明日の天気予報から，気温の予想をする。	・天気によって，どのような気温の変化になるのか，予想できるようにする。
5分	7 全体で考えを共有する。	
	結論　一日の気温の変化は，日光が当たる晴れの日には，日中高くなり，朝夕低くなる。雨や曇りの日は，気温の変化があまりない。	
2分	8 本時の学習を振り返る。	・学習を振り返り，これからの気温予想，服装予想について提案し，意欲を高める。

4 授業展開例

　前時までに，5人1組で気温の一日の変化を調べています。その際，グループで各自が担当の日を2日ずつ決め，1人が2日ずつ，合計10日分の1時間おきの気温の変化を表にまとめています。それぞれが違う天気を調べることで，より多くのデータが集まっています。そこで本時は，そのデータをこれまで習得した見方・考え方や知識を活かして分析していきます。

時刻	8時	9時	10時	11時	12時	13時	14時	15時	16時
気温									
天気									

一日の気温・天気調べ

> 問題1　天気と気温の変化の関係はどのような関係になっているのだろうか。

　本時は，データを整理する際に，まずは各自でグラフを作成する場面を保障します。グラフ用紙にシールを使って記入させることで，天気と気温の変化の関係性が見えやすいようにします。このグラフを基に，グループで議論しながら「天気と気温の関係」を導き出していきます。同じ天気ではどうか比較したり，同じグラフの形をした日を集めて，そのときの天気を調べたりするなど，比較し関係づけるための方法を議論の中で決めていきます。その際，グループで結論として，「晴れの日は，昼に向かって気温が上昇し，夕方に向かって気温が下がっていく」「雨や曇りの日は，一日中，気温の変化があまりない」を見出します。また，晴れのち雨の日など，晴れているときには気温が上がっているけれども雨が降り出した直後，気温が下がったり，気温が一定になったりしていることなど，日光と気温の関係を，子どもたちの議論の中で結論としてまとめます。

　最後に，この結論を全体で共有し，「天気と気温の関係に関するきまり」としてまとめていきます。

子どもA　晴れの日は，気温がぐんと上がっているよね。
子どもB　じゃあ，上がり方を比較してみようか。一番高いところと，低いところを比べてみようか。

子どもA　晴れの日は、昼ぐらいに一番高い気温になっている気がするけど。

子どもC　AさんのグラフとDさんのグラフのどちらも晴れの日だけど、同じようにお昼に一番高いよね。

子どもD　3年生のときに、太陽の光が当たったところは温まったから、気温も同じことなんじゃない？

子どもE　確かに。そうすると雨の日は？

子どもD　太陽が当たらないから、気温があまり変わらない。

教　師　Cさんのグラフを見たら、12時ぐらいで気温が下がって、そこから上がっていないけど、何でかな。

子どもA　天気が変わってない？　後半は、雨の日のグラフの特徴と似ているよね。

子どもC　そうそう、この日は途中から雨が降ったんだよね。気温の変化を見たら、そのときの天気がわかるね。

結論　一日の気温の変化は、日光が当たる晴れの日には、日中高くなり、朝夕低くなる。雨や曇りの日は、気温の変化があまりない。

問題2　明日の天気予報から、気温の変化を予想しよう。

　まとめられたきまりを基に、問題2を考えます。次の日の時間ごとの天気予報を提示し、気温の変化について予想します。どのような変化になるのか予想し、交流します。「晴れならば、気温の上がり方が山型になり、気温の差があるので、脱ぎ着しやすいような服装を着るとよい」など、「天気と気温の関係に関するきまり」を活かして、服装について考えていきます。

　この学習を通して、単元の終末では、子どもたちの中には、今度は「自分で天気予報がしてみたい」という意識が見られます。この意欲を5年生の学習につないでいきます。

5 評価について

　評価は、ノートに書いた自分の考えや話し合いにおける発言、天気と気温の変化の関係づけが説明できたかなどを基に行います。

（今林　義勝）

5年　物の溶け方

炭酸入浴剤を溶かすと、水溶液の重さはどうなるか考えよう

	自然事象への働きかけ	問題の把握設定	予想・仮説設定	検証計画の立案	観察・実験	結果の整理	考察・結論
習得・活用・探究という学習プロセスの中での、問題発見・解決を念頭に置いた深い学び							●
他者との協働や外界との相互作用を通じて、自らの考えを広げ深める、対話的な学び						●	
子どもたちが見通しをもって粘り強く取り組み、自らの学習活動を振り返って次につなげる、主体的な学び					●		

1 授業のねらい

> 炭酸入浴剤を水に溶かすと、できた水溶液の重さは軽くなることを、実験を通して理解することができるる。

2 授業づくりのポイント

　本時で実感させたいことは、「出入りがない限り、物の重さは変わらない」という質量保存に対する基本的な概念です。しかし、この実感は、1時間の授業で達成・構築されるものではありません。繰り返し実験し、多くのデータを集める過程で、形と重さの関係、体積と重さの関係を確認しながら、子ども自身が誤概念を修正していくことが必要です。

　そこで本時では、溶けると気体（二酸化炭素）が発生する炭酸入浴剤を教材とし、気体が出ていったときの水溶液の重さの変化を調べる活動を設定します。泡が出ていく過程で少しずつ軽くなっていく事実は、気体と水溶液の重さとを関係づけて考えることにつながっていきます。

3 学習指導案

時間	児童の学習活動	教師の指導・支援
5分	1 演示実験を見ながら，これまでの既習事項を確かめる。 ・□の中には，水に溶ける物なら何でも入ると思うよ。	・「□□□を水に溶かすと，できた水溶液の重さは，□□□と水の重さの和になる」を板書し，□の中にはどんな言葉が入るか話し合うようにする。
10分	2 炭酸入浴剤で実験しても，これまでの水溶液と同じ結果が得られるか予想する。 ・泡が出ていったのだから，その分軽くなるのかな？ ・気体に重さってあるの？	・水が入っている棒瓶に炭酸入浴剤を入れ，泡を出しながら溶けていく様子を教師の演示実験で観察できるようにする。 ・「自信度チェック」を行い，自分の立場を明確にさせるとともに，教師の意図的指名の情報収集として活用する。
	問題　炭酸入浴剤を水に溶かすと，できた水溶液の重さはどうなるか。	
15分	3 実験して確かめる。 ・泡がたくさん出てきた。 ・あっ，少しずつ軽くなってるよ！ ・泡が出ているから軽くなるんじゃないかな？	・教卓の近くに子どもたちを集め，実験の方法と手順を指導する。 ・実験が終わったグループから，黒板に「実験結果」を記録させ，他のグループにもリアルタイムに情報が伝わるようにする。
15分	4 炭酸入浴剤が水に溶けると軽くなった結果を基に，問題に対する「結論」を考える。 ・やっぱり，気体が出ていったから軽くなったんだ。 ・気体にも重さがあるんだね。	・実験が終わったグループからノートのまとめの指示を出しておく。 ・集まってきたグループから，問題の「答え」はどうなるかを話し合わせておき，その間に他のグループの個別指導を行う。 ・結論は，理由も加えて表現するように促す。
	結論　「炭酸入浴剤」を水に溶かすと，できた水溶液の重さは軽くなる。 　　　理由は，気体（二酸化炭素）が出ていったからである。	

4 授業展開例

　本時の導入部では，「□□□を水に溶かすと，できた水溶液の重さは，□□□と水の重さの和になる」の□□□の中にどんな言葉が入るか，自由に発表させながら既習事項を確認します。子どもたちからは，食塩，砂糖，ミョウバン，ホウ酸といった言葉が発表されるでしょう。

　そして，実際に炭酸入浴剤が溶ける様子を教師の演示実験で観察させた後，「炭酸入浴剤水の重さも，炭酸入浴剤の重さと水の重さの和になるか」と，子どもたちに問いかけます。

　選択肢を３つ（重くなる・変わらない・軽くなる）提示し，支持数を挙手で確かめます。多くの子どもが，「変わらない」と「軽く」なるに手を挙げます。

　ここで，本時で解決すべき「問題」を板書し，ノートに記録させます。

> 問題　炭酸入浴剤を水に溶かすと，できた水溶液の重さはどうなるか。

　それぞれの考えの理由について話し合います。

子どもA　食塩と同じように，重さは変わらないと思うけど…。
教　師　炭酸入浴剤の溶け方は，食塩と比べて何か違いましたか。
子どもB　泡が出た。シュワ～っていう音も聞こえたよ。
子どもC　かき混ぜなくても溶けちゃいました。
子どもD　やっぱり，泡が出ちゃったから軽くなるかもしれないよ。
子どもE　でも，泡は気体でしょう。重さはないんじゃないの。

　子どもたちから出なかった予想（重くなる）の理由も紹介し，多面的に検討させるための布石とします。

教　師　去年の５年生の中には，「重くなる」と予想した人もいたのですが，どうしてそう考えたのか想像できますか。
子ども　え～。わかりません。
教　師　気体は軽いので，軽い気体を外に出してしまったら重くなると言うのです。ちょうど，浮かぶ風船をたくさん持っていたら体重は軽くなるけど，離したらもとにもどるようにです。
子ども　なるほど～。

　実際に実験して確かめます。

まず，棒瓶の蓋のくぼみに炭酸入浴剤を入れ，棒瓶には4分の1程度の水を入れます。そして，電子天秤（0.1g単位で表示）で全体の重さを量ります。そして，炭酸入浴剤を棒瓶に入れ，電子天秤の上に蓋をもどします。すると，最初は溶ける前に量った重さなのですが，泡が出てしばらくすると，電子天秤に表示されている重さの数値が少しずつ小さくなっていきます。

　この事実は，既習事項である「水溶液の重さとは溶かす物と水の重さの和になる」を否定することになります。そのとき子どもたちは，重さが少しずつ軽くなっていく事実と，炭酸入浴剤を水に溶かしたときに出てくる泡の気体（二酸化炭素）とを関係づけ，そして意味づけしながら思考していくのです。

子どもF　あっ，減った。どんどん減ってる。
子どもG　泡の気体が外に出ていったからじゃない。
子どもH　そうだよね。泡が出れば出るほど，重さは減っていくもんね。
子どもI　やっぱり，気体にも重さがあるんだ。

　グループでの話し合いの後，全体で結果を確認し，次の結論をまとめます。このときに注意したいことは，授業に導入部で設定した「問題」の表現を使って表現させることです。問題と結論との整合性が明確になれば，文章を書くことが苦手な子どもも表現しやすくなります。

> **結論**　「きき湯」を水に溶かすと，できた水溶液の重さは軽くなる。
> 　　　　理由は，気体（二酸化炭素）が出ていったからである。

　結論をまとめた後，炭酸飲料水が入っていたペットボトルを使って，蓋をして気体が外に出て行かないようにした実験をすれば，何も出ていかなければ，重さは変わらない結果が得られ，子どもたちの理解はより深いものになるでしょう。

5 評価について

　ここでは，実験をしながらの話し合い，グループ間の情報交換の場を設定し，自分の考えに対するモニタリング，コントロールの事実を生み出すことを重視しました。その記録をノートに書かせることで，到達度評価にも活かすことができます。

（佐々木　昭弘）

5年　振り子の運動

振り子の１往復する時間が２秒になる振り子の長さを考えよう

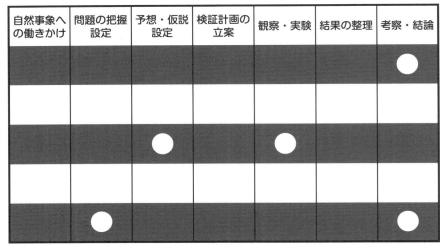

	自然事象への働きかけ	問題の把握設定	予想・仮説設定	検証計画の立案	観察・実験	結果の整理	考察・結論
習得・活用・探究という学習プロセスの中での，問題発見・解決を念頭に置いた深い学び							●
他者との協働や外界との相互作用を通じて，自らの考えを広げ深める，対話的な学び			●		●		
子どもたちが見通しをもって粘り強く取り組み，自らの学習活動を振り返って次につなげる，主体的な学び		●					●

1 授業のねらい

> 振り子の１往復する時間が何によって変わるか調べた結果を活用して，１往復する時間を２秒するには長さをどれくらいにするとよいか考えることができるようにする。

2 授業づくりのポイント

　子どもは，第５学年で条件を制御して調べることを学んでいます。そして，この「振り子の運動」の単元では，振り子の１往復する時間が「振り子の長さ」「おもりの重さ」「振れ幅」の３つによって変わるのではないかと考え，条件を整えて調べることを学習します。

　本時では，それまでに調べてきた実験結果を活用して，１往復する時間がちょうど２秒になる振り子の長さについて考えます。子どもは今までとは違う考え方をしていくため，「こうすればきっと２秒の振り子になるだろう」という思いがふくらみ，その後の実験に意欲的に取り組んだり，導き出した結論を受け入れたりすることができると考えます。

3 学習指導案

時間	児童の学習活動	教師の指導・支援
5分	1 今までの学習を振り返り，問題を考える。	・振り子の1往復する時間が振り子の長さによって変わるか調べたときの実験結果を提示し，1往復する時間が変化することを確認する。 ・グラフを使って確認しながら，振り子の長さがどのくらいになると1往復する時間が2秒になるか問うことで，問題意識をもてるようにする。
	問題　1往復する時間が2秒になるには，振り子の長さをどれくらいにすればよいのだろうか。	
10分	2 個人でどれくらいの長さが必要か予想し，班で実験方法を話し合う。	・予想をもって話し合うようにすることで，それぞれの意見を大切にし，その中で妥当な考えを検討することができるようにする。 ・線を引いたり，数値を使ったりしてよいことを確かめ，実験結果のグラフを基に考えることができるようにする。 ・10cmごとに長さを変えるなど，予想した長さの前後の長さを調べるような班の考えを取り上げ，全体に広めるようにする。 ・班ごとにホワイトボードを用意することで，実験中や結果を報告する際に活用できるようにする。
15分	3 班で考えた実験方法を基に調べ，班の結論を導くようにする。	・班ごとに振り子の実験ができるように道具を用意する。 ・机間指導をしながら，振り子の長さが少しでも変わると結果が変わるため，長さを測るときはより慎重に作業することを確認する。また，予想した長さの前後の長さについても調べるように声をかける。 ・実験は一度だけでなく，何度も行ってそれぞれを記録し，実験による誤差に注意するようにする。
13分	4 各班の考えを発表し，全体で結論を共有する。	・100cm前後で，長さが長くなればなるほど1往復する時間が長くなっている班をよくできている班だと認め，称賛する。 ・全体の結論が出たら，実際にその長さ（約100cm）で演示実験を行い，自分たちの考えが合っていたかどうか確かめられるようにする。
	結論　1往復する時間が2秒になるには，振り子の長さを約100cmにすればよい。	
2分	5 本時の学習を振り返る。	・本時の学習を通して，気付いたことやさらに調べたいと思ったことを聞くようにする。

4 授業展開例

前時までに，振り子の1往復する時間はおもりの重さや振れ幅に関係なく，振り子の長さに関係していることを学習しました。

本時の導入では，前時までの学習を振り返るために，実験結果のグラフを並べて提示しました。特に，振り子の長さを変える実験のときに，1往復する時間が変わり，その他のグラフは誤差の範囲で違いはあるものの，1往復する時間が変わっているとは言えないことをまとめました。

そして，グラフを使って気付いたことなどを確認する中で，子どもの「25㎝だと1往復する時間が1秒だ」という発言から，ちょうど2秒になるのはどのくらいか問うことで，本時の問題を共有しました。

> **問題** 1往復する時間が2秒になるには，振り子の長さをどれくらいにすればよいのだろうか。

子どもたちは，グラフを基に予想することで，1往復する時間について自分の考えをもてているようでした。そして，自分の考えをもって班での話し合いに臨みました。

子ども 75㎝だと1.7秒くらいだよね。
子ども 25㎝で1秒で，50㎝で1.4秒。
子ども だからだいたい25㎝増えたら0.3秒か0.4秒増えるから，100㎝だとちょっと長くなるかな。
子ども グラフで見ると，このままななめになっていけば，100㎝くらいになるんじゃないかな。
子ども 確かにそうなりそう。
子ども だとしたらやっぱり100㎝かな。
子ども じゃあ，班の意見としては100㎝で，調べるのは90㎝と100㎝と110㎝にしよう。

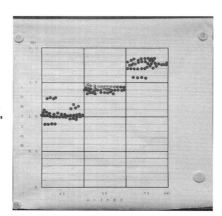

以上のように，グラフを基に意見をまとめる班が多く，実験結果があることはとても大切であることをとらえることができていました。そして，それらが自分たちで調べたものであることも，話し合いの中心となった一つと考えられます。

次に，各班で考えた実験方法を基に，振り子の長さを調べ，班ごとに結論を導くようにしました。

子ども　（長さを測りながら）これでいいかな。
子ども　そうだね。ちょうど100cmだよ。
教　師　おもりの中心からだから大丈夫だね。
子ども　とりあえずこれで何回か調べよう。

（何度か繰り返し調べる）

子ども　誤差はあるけど、だいたい2秒かな。
子ども　そうだね。他の長さも調べてみよう。

（違う長さで同様に調べる）

子ども　やっぱり100cmが一番近いね。
子ども　結果からすると100cmでいいよね。

　以上のように、子どもたちの考えを基に、実際に確かめることができるように十分時間をとることが大切です。ただし、望ましい結果が得られるために、下線部のような実験の技能にかかわる部分については、教師が教え、確認する必要があります。また、実験中に話し合いが生まれるように、今回は、振り子の実験道具は立って扱えるような大きさの物を使用しました。1つの実験道具に全員でかかわらなければいけない状況こそが、自然と話し合いが生まれる種になります。このように、実験について全員がかかわる部分を取り入れ、結果について共有するようにすることで、話し合いが活発になり、学習がより深くなっていきました。
　その後、各班の結果を発表し、全体で結論を共有し、まとめました。

結論　1往復する時間が2秒になるには、振り子の長さを約100cmにすればよい。

5 評価について

　評価は、振り子の長さを変えた実験の結果を基に予想できているか、それを確かめるための望ましい結果が得られたかどうかについて、行動を観察したり、ノートの記述を見たりしました。

（塩盛　秀雄）

5年　電流の働き

導線にからみ付くマグチップの付き方の意味を考えよう

	自然事象への働きかけ	問題の把握設定	予想・仮説設定	検証計画の立案	観察・実験	結果の整理	考察・結論
習得・活用・探究という学習プロセスの中での，問題発見・解決を念頭に置いた深い学び			●		●		●
他者との協働や外界との相互作用を通じて，自らの考えを広げ深める，対話的な学び						●	●
子どもたちが見通しをもって粘り強く取り組み，自らの学習活動を振り返って次につなげる，主体的な学び							●

1 授業のねらい

> 導線にマグチップがからみ付く理由を，既習内容と関係づけて説明することができる。

2 授業づくりのポイント

　導線に電流を流すと，マグチップ（鉄線）が磁化されて導線の周りにからみ付きます。その様子は，3年で扱った棒磁石に鉄釘が引き付けられる様子とは異なります。棒磁石には1本の鉄釘，1個のマグチップでも引き付けられますが，電流が流れる導線に引き付けられるマグチップは，単独では絶対に付きません。2個や3個ならば導線にからみ付きます。この現象の意味を，既習の知識を活用して考え，説明し合う場面を設定することにしました。

　「磁石に付けた鉄は磁石になる」「磁石の異極同士は引き付け合う」「磁石の力は離れていても働く」等の知識を活用して，観察できた現象に整合性ある意味づけをして謎を解く，つまり，意味理解を深める活動にしました。

3 学習指導案

時間	児童の学習活動	教師の指導・支援
5分	1 これまでの学習を振り返る。	・既習内容を想起させるため，電流を流した導線に磁石の力が出ると判断した実験結果を板書する。
	問題　1本の導線でも，電流を流せば，磁石の力は出るのだろうか？	
5分	2 問題について予想する。 ・コイルのときに出るのだから，1本でも出ると思う。 ・弱い力だったので，無理だと思う。	・予想に対する自信度と理由が明確になるように促す。 ・予想が発表できたら，「方法は，コイルの実験で反応がわかった方法が使えるね」と言って，方位磁針，マグチップ，棒磁石の方法を明示する。
15分	3 1本の導線から出る磁力を調べる。 【予想される実験結果】 ・方位磁針には，反応した。 ・棒磁石には，反応しない。 ◆マグチップは付く。 ◆マグチップは付かない。	・マグチップが付いたグループには，その様子を図解するように指示する。 ・◆印のように，マグチップの付け方によって両方の結果が出てくる可能性がある。これに関しては，演示実験で確認するようにする。
15分	4 付き方の意味を考える。 ・1本では付かないが，2本や3本だと付くのだから，磁石とは違う。 ・導線に，ひっかかっているのかも。 ・マグチップ同士が付いている。 ・磁石の性質で説明できるかも。 ・モデルや図を使って考えてみよう。	○「どのようにマグチップは付いているの？」と発問し，マグチップが2本でV字に，3本で三角に付くことを確認した後，「なぜ，このような付き方になるのか」と発問し，マグチップの付き方の意味を考えるように促す。 ○「弱い磁石だから」等の磁力の弱さを理由にする子どもが多い場合には，「導線を斜めにしたらマグチップがズレていくよ」と助言し，磁力の強弱ではなく，電流による磁化作用に気付くように助言する。 ・3年「磁石」の既習内容もヒントとするように促す。 ・図やモデルを使って考えるように助言する。
5分	5 わかったことを記述する。 ・1本の導線でも，磁石の力は出ている。 ・1本だと，出ている力は弱い。 ・導線の周りに磁石の力が出ているので，マグチップは小さな磁石になって互いに付く。 ・マグチップは，導線にひっかかっている。	○結果が出たら，そこから「わかったこと」「まだよくわからないこと」をノートに記述するように指示する。 ○ノートに書き終えた子どもから，黒板に記述内容を板書するように指示する。
	結論　1本の導線でも，電流を流せば磁石の力が出る。磁石の力が働くとマグチップは小さな磁石になるので，導線の周りにからみ付くことができる。	

4 授業展開例

前時には，電流を流したコイルに磁石やマグチップ（鉄線）を近づけて，コイルに磁石の力が出ていることを確かめました。しかし，コイルは，「磁石の働きがある」と考えた子どもと，「磁石になった」と考えた子どもに分かれました。そこで，コイルが磁石になったかどうかをはっきりさせるため，1本の導線でも電流を流せば磁石の働きはあるのかどうかを発問して，以下のような問題を設定しました。

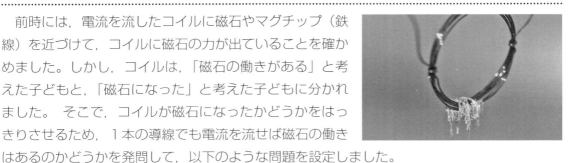

問題　1本の導線でも，電流を流せば，磁石の力は出るのだろうか？

子どもは，前時の結果と自分の考えを基に予想をしました。
子ども　コイルのときに出るのだから，1本でも出ると思う。
子ども　コイルでも弱いので，1本では無理だと思う。
教　師　自分の予想と自信度を選び，考えた理由をノートに書いたら，名札を黒板に貼りなさい。
子ども　円の中心に力が出るので，導線を巻かないと出ないと思う。
子ども　1本でも電気は通るので，力がゼロとは考えられない。
教　師　実験をして確かめよう。方法は，前回同様に，方位磁針，磁石，マグチップです。

実験結果として，以下のような現象を確認しました。
○方位磁針は反応した。
○棒磁石も反応した。
○マグチップは付いた。
○マグチップは，不思議な付き方をする。

そして，導線に付いたマグチップの付き方に着目させるために，その付き方を黒板に図解させるようにしました。3名の子どもを指名して，図で表現してもらいましたが，いろいろな付き方の図が出てきました。「マグチップが導線に付いた」という結果は共有できましたが，「どのように付いたのか」という細かな部分は，まったく共有されていませんでし

た。子どもは，熱心に観察してはいても，付き方まで意識して見ていないことがわかりました。
　再び，マグチップの付き方に注意して，観察させることにしました。その結果，「2本や3本でからんでいる」「1本では付いていない」ことを確認することができました。
　確認できた後，教師から「2本や3本で付くけれど，1本では付かない。磁石の付き方とは違うね。どうしてマグチップ同士がくっついているのかな？　ヒントは3年の磁石の性質にあるよ」と発問して，マグチップの付き方の意味を，グループの仲間と一緒に考えさせるようにしました。

子ども　磁石の力でマグチップが磁石になったのかもしれない。
子ども　マグチップが磁石になるとN極とS極ができて付いている。
子ども　導線には，ひっかかっているのかも。
教　師　導線にひっかかっているとしたら，導線を斜めにすると，ずり落ちていくよ。
子ども　本当だ。導線を斜めにしたら，マグチップがずれていった。導線には付いていない。

　あるグループが，棒磁石を使って以下のような説明を考え出しました。
　電流を流した導線の周りに磁石の力が出て，マグチップが磁石となり，N極とS極ができる。そして，NとSが引き付け合って，導線にひっかかっているので，このような付き方をすると考えました。（右の写真）

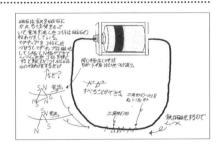

> **結論**　1本の導線でも，電流を流せば磁石の力が出る。磁石の力が働くとマグチップは小さな磁石になるので，導線の周りにからみ付くことができる。

5　評価について

　グループで話し合ったことを基に，各自のノートに考えた説明内容を，図と文章で記述させました。マグチップの付き方を，既習の知識を使って，観察できた現象に合った説明ができているかどうかを評価するようにしました。

（森田　和良）

5年 　　　　　　　　　　　　　　　　植物の発芽，成長，結実

たくさん収穫するにはどこに植えればよいか考えよう

	自然事象への働きかけ	問題の把握設定	予想・仮説設定	検証計画の立案	観察・実験	結果の整理	考察・結論
習得・活用・探究という学習プロセスの中での，問題発見・解決を念頭に置いた深い学び			○				○
他者との協働や外界との相互作用を通じて，自らの考えを広げ深める，対話的な学び			○				○
子どもたちが見通しをもって粘り強く取り組み，自らの学習活動を振り返って次につなげる，主体的な学び	○						○

1 授業のねらい

「植物の発芽と成長」や第3学年「太陽と地面の様子」の学習で得た知識を活用して，野菜をたくさん収穫するには，苗をどこに植えればよいかを考えることができる。

2 授業づくりのポイント

本時は，「植物の発芽と成長」の終末部に位置します。従来の学習は，教師が提示したインゲンマメ等で植物の発芽と成長の条件を調べます。しかし，教師が提示した植物では子どもの主体的な学びになりません。そこで，活用として子ども自身が育てたい野菜を用いることで，子どもの問題解決に取り組む意欲を高め，主体的な学びにします。また，発芽と成長の条件を調べる場面では，日光が当たる場所を教師が指示していましたが，建物や木など周りの環境をよく観察させて，対話を通して子ども自身に選択させます。その際，太陽の動き方の知識を活用させることで，根拠を明確にして場所を選択できるようにし，深い学びにします。

3 学習指導案

時間	児童の学習活動	教師の指導・支援
5分	1 提示された事象から問題を考える。	・野菜がよく成長している写真と，あまり成長していない写真を提示して，どうすれば野菜をたくさん収穫することができるか，問題意識をもてるようにする。
	問題　野菜をたくさん収穫するには，学校内のどこに植えればよいだろうか。	
15分	2 個人で予想とその場所に植える理由を考えて，ペアで意見交流を行い，どこに植えるかを決める。	・第3学年で得た「太陽は東からのぼって南を通り，西に沈む」「日光は物があるとさえぎられて，陰ができる」といった知識を引き出せるようにする。 ・日光のほかに肥料も必要であることを想起させ，どのような実験をすれば必要な条件を確かめられるか話し合うよう促す。
15分	3 全体で考えを共有する。	・ペアごとの考えを比較させて，「置き場所は少しずつ違うけれど，どの考えも南側に置くのは同じ」「木や建物の陰にならないところがよい」「成長させるには肥料が必要」といったように，共通点や相違点を見つけられるようにする。 ・どのような条件で実験を行えばよいか考えさせて，話し合いから，「日光あり，肥料あり」と「日光あり，肥料なし」，「日光なし，肥料あり」，「日光なし，肥料なし」のそれぞれの条件で比較すればよいことに気付けるようにする。 ・肥料の条件を調べるためには，バーミキュライトを用いることを想起できるようにする。 ・学んだ知識を活用している場合は，評価する。
10分	4 話し合いでまとまった意見を基に，栽培の準備をする。	・プランターにバーミキュライトを入れて，野菜の苗を植えかえて，日光と肥料の条件を変えて栽培を始めるように促す。
	5 数週間後に野菜の成長具合を記録し，考察して結論をまとめる。	・成長具合は草たけや実の数などの視点で比較を行うようにする。 ・日光が当たらない北側に置いた苗よりも，日光がよく当たる南側に置いた苗がよく育ったことから，日光がよく当たる南側に置き，肥料を与えれば野菜をたくさん収穫できることをまとめられるようにする。
	結論　野菜をたくさん収穫するには，日光がよく当たる南側に植え，肥料を与えればよい。	

4 授業展開例

　子どもは前時までに,「植物の成長には,日光と肥料が必要である」ことを学習しました。また,これから育てたい野菜を事前に聞きました。本時では,自分たちも野菜を栽培して,よりたくさん収穫したいという意欲をもたせるために,まず,事象提示を行いました。

　導入では,子どもが育てたいと答えた,ミニトマトの苗を提示しました。また,ミニトマトがたくさん実っている写真と,葉が枯れてほとんど実っていない写真も提示しました。そして,教師から,「ミニトマトは上手に育てないと,このように枯れてしまうね。どうすればこのように,たくさん実ができるかな」と投げかけました。そこで,子どもに問題を問うと,以下のように問題を設定しました。

> 問題　ミニトマトをうまく育てるには,どうすればよいだろうか。

　まず,個人で予想を考えさせました。すると,子どもからは「日光を当てる」「水をやる」「温かい場所に置く」「肥料をやる」という考えが出ました。そこで,予想の根拠を表現させるために「日光がよく当たる場所は学校の中のどこかな?」と問いかけて,校内の大まかな地図を配りました。そして,「苗をどこに置いたらよいか,地図の中に書き込んでみましょう」と促し,机間指導を行いました。

教　師　苗はどこに置くとよいかな。
子ども　グラウンドのほうに置けばよいと思います。
教　師　なぜグラウンドに置けばよいと思うの。
子ども　日光がよく当たるからです。
教　師　なぜグラウンドは日光がよく当たるの。
子ども　えっと…<u>太陽は東からのぼって,南を通って,西に沈みます。</u>グラウンドは南側にあるから,日光がずっと当たると思います。
教　師　北側の駐車場はだめなの。
子ども　駐車場だと,<u>北校舎で日光がさえぎられて陰になる</u>からだめです。

　以上のように,第3学年で学習した知識(下線部)を子どもから引き出して,予想の根拠を表現させました。話し合いを活発にするためには,まず個人の考えを深めておくことが大切です。そのため,子どものノートや発言を見取り,形成的評価を細かく行いました。

　次に,全体でプランターを置く場所について話し合いを行いました。

子ども　私は，南校舎とグラウンドの間に置けばいいと思います。なぜなら太陽は東からのぼって南を通り，西に沈むからです。

子ども　僕は，屋上に置けばいいと思います。屋上は周りに日光をさえぎるものがないので，日光がよく当たるからです。

子ども　私は，南校舎2階のベランダに置けばいいと思います。理由は，太陽は東からのぼって南を通り，西に沈むから，南側に置けば日光がよく当たるからです。でも，ベランダの前に大きな木があるから，木の陰にならないところに置かないといけません。

教　師　いろいろな場所が出てきたけれど，みんなに共通している考えは何かな。

子ども　みんな日光がよく当たる南側に置いています。

子ども　周りに日光がさえぎるものがないところに置いています。

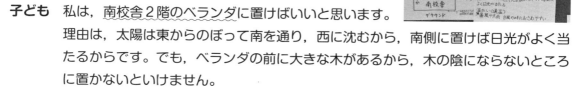

　以上のように，異なる意見（波線部）の中から共通点（下線部）を見つけさせることで，子どもの考えが「日光が当たりやすい南側に置く」「周りに日光をさえぎるものがないところに置く」に集約されました。また，話し合いの中で子どもが学んだ知識を活用しているときに，「学んだ知識を使うのはよいことだね」と評価しました。このように，子どもが新たな問題に出会ったときに，学んだ知識を使おうとする姿勢を身に付けさせていきました。

　なお，教師の声かけは単発で終わるのではなく，日々の実践の中で，教師が繰り返し声かけを行うことが大切です。やがて教師の声かけがなくとも，子どもが自分から進んで知識を活用するようになることで，学習が主体的でより深くなっていきます。

　話し合いの後，実験の準備を行い，日光と肥料の条件を変えて栽培を始めました。実がなり始めた数週間後に，草たけと実の数を比較し，結論をまとめる場面を設定しました。

結論　ミニトマトをうまく育てるには，日光が当たる南側に置き，肥料を与えればよい。

5 評価について

　評価は，学習した知識の活用状況について，机間指導や全体交流の中でノートや発言にキーワードが見られるかという視点で見取り，指導を行います。また，話し合いの中で考えの根拠を詳しく述べている子どもの発言をひろって，他の子どもに広げていきます。知識を活用する力を育むために，授業の中で形成的評価を細かく行っていきます。

（福地　孝倫）

5年 　　　　　　　　　　　　　　　人や動物の誕生

めざせ！　メダカマイスター
子メダカのふしぎを考えよう

	自然事象への働きかけ	問題の把握設定	予想・仮説設定	検証計画の立案	観察・実験	結果の整理	考察・結論
習得・活用・探究という学習プロセスの中での，問題発見・解決を念頭に置いた深い学び			●				
他者との協働や外界との相互作用を通じて，自らの考えを広げ深める，対話的な学び					●		
子どもたちが見通しをもって粘り強く取り組み，自らの学習活動を振り返って次につなげる，主体的な学び							●

1　授業のねらい

子メダカのおなかのふくらみについて，育つための栄養と関係づけて説明することができる。

2　授業づくりのポイント

　本単元では，動物の発生や成長についてメダカ等を飼育し，卵の成長の様子を観察する中で，生命を尊重する態度を養うとともに，日が経つにつれて変化する様子を比較したり，植物の成長などと関係づけてとらえたりできるようにすることが大切です。本時は，産まれたばかりの子メダカのおなかのふくらみと育つための栄養に着目します。人は，母胎内で母親から栄養をもらって成長しますが，メダカは卵の中で栄養を外からもらわずに成長します。同じ5年生で学習する植物の種子も子葉の養分を用いて成長します。子メダカのおなかのふくらみと育つための栄養について，えさの食べ方を観察することを通して関係づけて推論できると考えます。

3 学習指導案

時間	児童の学習活動	教師の指導・支援
5分	1 孵化したばかりの子メダカとしばらく経った子メダカを観察し気付いたことを話し合い，問題を見出す。 ・卵からかえったばかりのメダカはおなかにふくらみがあり透明だ。	・おなかにふくらみのある子メダカ，および子メダカの写真を提示する。 ・日々の観察の中での気付きを取り上げて全体に広げ，本時の問題を見出すことができるようにする。
	問題　産まれたばかりの子メダカのおなかのふくらみは何だろう。	
5分	2 学習問題についての各自の仮説を確認し合う。 ・おなかのふくらみは体の一部だ。 ・おなかのふくらみは育つ栄養だ。	・成魚や産まれてからしばらく経った子メダカの体の様子と，孵化したばかりの子メダカの体の様子を比較し，おなかのふくらみが育つための栄養に関係するのではないかと考えられるようにする。
5分	3 調べる方法，結果の予想を確認し合う。 ・おなかのふくらみがなくなったメダカは，えさを食べるが，かえったばかりの子メダカはえさを食べないはずだ。	・自分の仮説を検証するためには，どのような実験が必要かをグループ内で確認し合い，仮説を基に結果の予想ができるようにする。 ・観察した結果を共有しやすいように，チャック付きビニル袋やデジタル顕微鏡，実物投影機を用意する。
10分	4 子メダカにえさを与え，食べるかどうか観察する。 ・かえったばかりの子メダカはえさを食べないね。しばらく経った子メダカや成魚はたくさん食べるよ。	・成魚，孵化してしばらく経った子メダカ，孵化したばかりの子メダカをグループで観察できるように用意する。
5分	5 結果を共有する。 ・かえってしばらく経った子メダカや成魚はえさを食べるが，産まれたばかりの子メダカはえさを食べない。	・おなかの様子とえさの食べ方に着目させ，実物投影機を用いて結果を共有できるようにする。
8分	6 結果を基に考えをまとめる。 ・おなかのふくらみが成長のための栄養と関係があるようだ。	・結果からわかったことを各自が表現できるようにするために，グループ内で考察を話し合う場を用意する。
7分	7 本時の学習を振り返る。 ・一枚の絵にまとめる。	・グループごとにホワイトボードに考えをまとめ発表できるようにする。 ・一枚の絵に学習を表現できるようにする。
	結論　卵からかえったばかりの子メダカのおなかのふくらみは，栄養と考えられる。	

4 授業展開例

　メダカの卵の観察を通して、孵化したばかりの子メダカのおなかがふくらんでいることに気付き、なぜだろうと疑問をもつ子どもたちがいました。「まるで卵をおなかにつけているみたいだ」「卵の栄養かな」という声が聞かれました。そこで、本時は、クラス全体で孵化したばかりの子メダカを全員で観察し、おなかのふくらみについて着目させました。また、これまでにもった疑問や考えを紹介し合って、全体で問題を共有しました。

> 問題　産まれたばかりの子メダカのおなかのふくらみは何だろう。

　紹介された疑問や考えの中に「卵の栄養」「育つための栄養」ではないかという考えがあり、それを基に、仮説を考えました。

子どもA　インゲン豆のときと同じで、育つための栄養が入っているんではないかな。
子どもB　ふくらみの中が動いている。心臓や内臓が入っていると思うよ。

【栄養説】　　　　　　　　　　　【体の一部説】

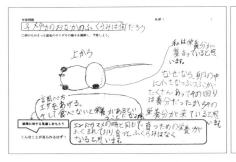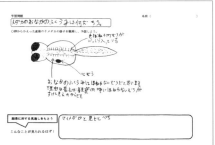

　子どもたちは、それぞれを「栄養説」、「体の一部説」として相互理解を図りました。

　子どもたちは、成魚、孵化してしばらく経った子メダカ、孵化したばかりの子メダカにえさを与え食べるかどうか観察することにしました。

教　　師　2つの考えがあるけれど、それぞれどんな姿が見られたらいいのかな。
子どもA　栄養説だとしたら、産まれたばかりの子メダカはえさを食べないけれど、他のメダカはえさを食べる姿が見られるはずだよ。
子どもC　体の一部説ならば、どのメダカもえさを食べるはずだね。

　ビーカーやペットボトルに成長段階別のメダカを入れ、おなかの様子やえさの食べ方を観察しました。

子どもD　大人は、ふくらみがないね。
子どもE　小さいほうは、ふくらみがあるよ。

子どもF　産まれたてのメダカは，えさを食べないね。
子どもG　こっちの少し大きいのは，えさを食べたよ。最初ぐるぐる回ってたけど。
　観察結果を発表し合い，結果を共有しました。
子どもB　産まれてすぐのメダカはえさを食べず，えさから遠ざかりました。
子どもC　少し大きいのは，小さいえさを選んで食べた。
子どもD　大人は，自分からえさに行って食べた。おなかはしぼんでいる。

　各自が結果から考えたことをホワイトボードを活用してグループでまとめ，全体で発表し合って考えを深め合いました。

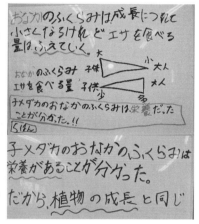

子どもA　育っていくとおなかのふくらみはどんどん小さくなる。反対にえさを食べる量は増えていく。
　　　　　子どものうちは，おなかが大きくてえさを食べていないので子メダカのおなかには栄養がつまっていると言えます。
子どもG　産まれたばかりの子メダカはえさを食べず，おなかがぷっくりしていたけど，育つとしぼんでいく。種の発芽でも，育つと子葉がしぼんでいくのと同じように考えられます。
子どもH　子メダカのおなかのふくらみは，もともと卵にあって卵の中で育つときも，この栄養を使っていたのかなと思いました。
教　師　おなかのふくらみは何か，みんなで考えたら謎が解けてきましたね。

結論　子メダカのおなかのふくらみには栄養がつまっていると考えられる。

5 評価について

全体で考えを深め合い結論についての合意形成を図った後で，評価として学習を振り返り子ども一人一人が一枚の絵を描きました。学習の始めに考えた2つの仮説から　自分の考えがどのように変容したか自分自身で振り返ることができました。

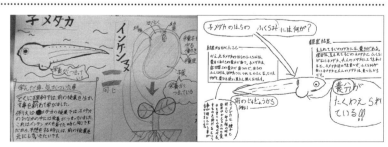

(八嶋　真理子)

5年　　　　　　　　　　　　　　　　　　　流水の働き

洪水を防ぐ工夫を考え説明しよう

	自然事象への働きかけ	問題の把握設定	予想・仮説設定	検証計画の立案	観察・実験	結果の整理	考察・結論
習得・活用・探究という学習プロセスの中での，問題発見・解決を念頭に置いた深い学び		●					
他者との協働や外界との相互作用を通じて，自らの考えを広げ深める，対話的な学び			●				
子どもたちが見通しをもって粘り強く取り組み，自らの学習活動を振り返って次につなげる，主体的な学び							●

1 授業のねらい

洪水を防ぐ工夫を流水の働きの学習で得た知識と関係づけて考え説明することができる。

2 授業づくりのポイント

　本単元では，子どもたちが地面を流れる雨水や川の様子を観察し，水量や流れる速さに着目し，見出した問題を計画的に追究する活動を通して流水の働きについての知識を獲得し，それらを地形の変化や自然災害と関係づけてとらえることができるようにします。

　しかし，本単元の学習では，人工的な流水実験が主となるため，浸食・運搬・堆積の3作用の理解にとどまり，それらと地形の変化や自然災害を関係づけることはあまりないように考えられます。そこで，本時では，前時までに獲得した知識を使って，洪水を防ぐための工夫について協働的に話し合いながら学習することを通して，学習と生活をつなげ，洪水対策についての自分の考えを深めることができるようにします。

3 学習指導案

時間	児童の学習活動	教師の指導・支援
7分	1 提示された事象から問題を考える。 ・どんなところでどのような被害が出ているのだろうか。 ・川の外側の堤防は，川の外側を削る流水の働きが大きいために崩れ，洪水になった。	・問題意識を見出すことができるように，川が曲がっている外側で氾濫が起きている洪水の写真などを一人一人に配付し見せて，気付きを話し合うよう促す。 ・「自分たちが住んでいるこの地域は洪水が必ず起こる。だったらどうしたらいいのか？」とつぶやき始めた子どもを何人か指名し話し合うことで本時の問題を見出すようにする。
	問題　洪水を防ぐために，どのような工夫をすればよいのだろうか。	
10分	2 個人で考えたことを書く。その後4人グループで意見交流を行い，ホワイトボードに考えを記述する。 ・洪水の原因となる流水の働き，それを防ぐ工夫を図や絵で記述する。	・被害とそれを引き起こした流水の働きを関係づけさせるため，流水実験の結果の写真や結果をまとめたものを掲示しておく。
15分	3 洪水の原因となる流水の働きと，それを防ぐ工夫について全体で考えを共有する。	・各グループの発表が比較できるように，ホワイトボードを黒板に貼り，発表できるようにする。 ・洪水の原因となる流水の働きと，それを防ぐ工夫が妥当かどうか話し合う時間をつくる。
8分	4 全体で共有した考えに対して考察をし，今後の学習の見通しを立てる。	・他のグループの洪水を防ぐ工夫が流水のどのような働きと関係づけて考えられているかを考察できるように支援する。 ・本時では妥当かどうかが判断できない工夫について取り上げ，次時の問題として意識できるようにする。
5分	5 本時の学習を振り返る。	・地域の洪水と流水の働きを関係づけて考えることにより，自分の考え方がどのように変化したか，これから調べたいことは何かなどをまとめる。
	結論　洪水を防ぐためには，川の外側の堤防を強くしたり，川幅を広くしたりすることが考えられる。（川をまっすぐにする工夫については，これから確かめよう）	

4 授業展開例

本時では，洪水を防ぐ工夫を流水の働きと関係づけて考えさせ，他者へ説明させることで，学習と生活をつなげる力を養い，地域の防災について調べようとする意欲を高めます。

導入では，川の曲がっている外側の堤防が切れて氾濫が起きている様子や洪水の様子を撮した写真，平常時の写真や地形図（図１）を子ども一人一人に配付しました。すると，子どもたちは，「堤防が崩れて学校や家が水に沈んでいる」「平成23年の台風のときと同じところから

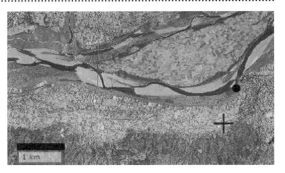

図１　川島町の地形図　＋印は川島小学校
黒丸は土手が崩れた地点
（出典：国土地理院航空写真）

吉野川の水が入っている」「川島町は川の曲がったところの外側にある。ここ（●）が崩れて吉野川の水が入ってきた。やっぱり外側は削る力が大きいからか？」など気付いたことを話し始めました。さらに，「自分たちが住んでいるこの地域は洪水が必ず起こる。だったらどうしたらいいのか？」とつぶやき始めた子どもを何人か指名し，「洪水を防ぐために，どんな工夫をしたらいいのだろう？」と全体に問いかけさせることで，本時の問題を共有しました。

> 問題　洪水を防ぐために，どのような工夫をすればよいのだろうか。

子どもたちは，洪水を防ぐ工夫についての話し合いを始めました。しかし，何をどう工夫すればよいのかわからないグループが目立ち始めました。

子どもA　（図１を示し）どこを工夫する？
子どもB　崩れているところをふさぐ。
子どもC　これまでも何回もふさいでいると思う。だけど，この場所は川の外側にあるから，流れる水の削る力が強くて崩れてしまう。どうしたらいいんだろう。
子どもD　崩れたところをふさぐっていう話になったけど，外側にあるから，水の力が強くてうまくいかないと思う。
教　　師　流水実験のときも崩れて困っていたことがあったよね。どうしましたか。

子どもたちは，流水実験の結果の写真やまとめた結果を基に考えていました。

子どもA　やっぱり，（図２を示して）外側が崩れている。

子どもB　このときは、土でふさいだけど、また水が流れるたびに削られたね。
子どもC　土で堤防の高さも高くした。
子どもD　でも、土は削られた。だから、水を通さない石で防いだね。

図2　外側のもれ

　考えがまとまり、ホワイトボードに記述できたグループから、「他のグループはどう考えたのかな」という声があがってきたので、それぞれの考えを共有しました。そして、流水の働きを基に考えた洪水対策であるかどうかを話し合いました。

子どもE　大雨のときは水量が増すので堤防全体を強くしたり、川幅を広げたりしたらいいと考えました。
子どもF　川の外側が危険なので、外側をなくすために川をまっすぐにしたいと考えました。
子どもG　そうかなあ。実験でまっすぐの川を作ったけど、（図3を示し）くねった川より速く流れたよ。
子どもH　それに、土もたくさん流れたよ。
子どもI　流れが速いと土が削られる。堤防の土が削られることになるのに、まっすぐでいいのかなあ。
子どもE　堤防を石で強くしたり、高くしたり、川幅を広げるのは必要だと思うけど。
子どもJ　流れる水の実験で洪水になったとき3つの工夫で洪水を防げたよ。
教　師　流れる水の働きを基に、洪水を防ぐ工夫についてよく考えられましたね。でも、問題も残りましたね。どうしますか？
子どもG　同じ水の量で、同じ傾きで、まっすぐの川とくねった川を作って実験しよう。

図3　まっすぐの流路

> 結論　洪水を防ぐためには、川の外側の堤防を強くしたり、川幅を広くしたりすることが考えられる。（川をまっすぐにすることについては、これから確かめよう）

5 評価について

　評価は、流水の働きと土地の変化（被害）を関係づけて、自分の言葉で洪水を防ぐ工夫が説明できたか、友達との交流で考えが深まったかを発言やノートの記述を基に行いました。

（川真田　早苗）

5年　天気の変化

晴れている日の雲と雨の日の雲の色はどうして違うか考えよう

	自然事象への働きかけ	問題の把握設定	予想・仮説設定	検証計画の立案	観察・実験	結果の整理	考察・結論
習得・活用・探究という学習プロセスの中での，問題発見・解決を念頭に置いた深い学び		○					
他者との協働や外界との相互作用を通じて，自らの考えを広げ深める，対話的な学び							○
子どもたちが見通しをもって粘り強く取り組み，自らの学習活動を振り返って次につなげる，主体的な学び							○

1 授業のねらい

> 雨雲が黒く見える理由を雲の厚さと関係づけて，説明できる。

2 授業づくりのポイント

　前時までに子どもたちは，雲の観察を通して，雲にはいろいろな形や大きさ，色があることを学びました。また，雨を降らせる雲は，厚く，黒い色をしていることにも気付いています。その結果，同じ雲なのに，どうして色が違うのだろうという新たな疑問をもっている子どももいることでしょう。

　そこで，この疑問を解決するために雲のモデルを作り，その様子を観察します。厚い雲と薄い雲でどのような違いがあるかをグループで調べることで，解決に向けた話し合いが行われます。

3 学習指導案

時間	児童の学習活動	教師の指導・支援
3分	1 前時を振り返る。	・前時のまとめを発表することで，雲にはいろいろな形があること，雨を降らせる雲は黒く，厚く広がっていることを確認できるようにする。 ・白い雲と黒い雲の写真を提示し，どうして違うのか問う。
5分	2 問題を見出す。	
	問題　雨を降らせる雲は，どうして黒く見えるのだろうか。	
5分	3 調べ方を話し合う。	・雲を脱脂綿で再現することを提案し，下から見たときの色に違いがあるかについて考えられるようにする。
15分	4 グループごとに，モデルを使って調べる。	・再現する雲の状態を意識できるように机間指導をしながら声かけを行う。 ・雨を降らせる雲「厚く，空全体に広がっている」 ・白く見える雲「空の一部に浮かんでいる」 ・グループで調べる際，「黒っぽく見えた」という事実だけでなく，どうしてそう見えたのかという原因についての考えをグループで出し，考えをまとめることを伝える。
10分	5 グループの結論を発表し，学級の結論を話し合う。	・各グループの結論を比べ，共通部分から「雲が厚く，光が届かない」「雲は水滴でできている」等の言葉を取り出し，それを基に学級の結論を導く。
	まとめ　雨を降らせる雲は，厚く重なっているので，日光が通らないため，黒く見える。雲は水滴でできているから，たくさん集まっている黒い雲は，雨を降らせることが多い。	
7分	6 本時の学習を振り返る。	・話し合いを受けて，自分なりの結論を書くようにする。 ・今日の学習で新たにわかったこと【知識】，できるようになったこと【学習活動】，新たに考えたこと【疑問】などについて記述できるようにする。

4 授業展開例

　前時までに子どもたちは，雲を見ると天気がわかるのではないかと考え，1週間の雲の観測を行いました。この結果から「晴れているときの雲は，白く，空の一部に浮かんでいたり，薄く広がっていたりするが，雨の日の雲は，黒く，厚く全体的に広がっている」という結論を導き出しています。

　本時は，この結論を受け，「白い雲」と「黒い雲」の写真を示し，雲の色が違うことに目を向けさせました。子どもたちからは，「同じ雲なのに，色が違う」「白い雲が集まって，黒い雲になるのかもしれない」などの考えが出され，学級として問題が見出されました。

問題　雨を降らせる雲は，どうして黒く見えるのだろうか。

　ここでは，雲を脱脂綿で再現することを教師が提案し，下からその様子を見上げることで，空の様子を再現するモデル実験で調べてみることになりました。グループごとに空に見立てた枠と脱脂綿を用意し，枠に雲に見立てた脱脂綿をのせて，その様子を下から観察していきます。脱脂綿をたくさん積み重ねると，天井からの光が遮られて，脱脂綿の底面が黒く影になっていく様子から子どもたちは，「雲を厚くすると，光が通らないから黒くなった」「薄いと白く見えるからもっと雲を増やそう」など話し合いが生まれてきます。ここでの子どもたちの認識を整理すると次のようになります。

○モデル実験から考える子どもたちの理解
　　モデル：脱脂綿を重ねる　→　蛍光灯の光が通らない　→　脱脂綿の底面が黒く見える
　　空　　：雲が厚くなる　　→　日光がさえぎられる　　→　雲が黒く見える
　このことから，雲を脱脂綿に置き換えて考えることで，本来白いはずの雲が，黒く見える現象について，説明できるようになる。
○実験結果から気付いてほしい内容
　　雲は水滴でできている　→　雲が厚くなる　→　上空の水滴が多くなるから雨が降る
　黒い雲が雨を降らせることを理解するためには，雲が水滴でできていることを関係づける必要がある。これは4年生（水の三態変化）の学習内容につながる。

　モデル実験を行っただけでは，「黒く見える雲」と「雨を降らせる雲」が十分に関係づいた

とは言えません。そこで，一度モデル実験の結果を整理した上で，教師が新たな投げかけを行うことにしました。

子どもA　脱脂綿を重ねると，光が通らないので黒く見えました。
子どもB　雲が厚いと黒く見えることがわかりました。
子どもC　雲を一部だけ置くと，白く見えました。晴れている雲が白く見えたのと同じです。
教　師　でも，どうして黒く見える雲が雨を降らせるんでしょうね。

　グループごとにその理由について考え，まとめることにしました。

子どもD　黒く見えるのは，雲が重なっているからでしょ。
子どもE　黒い雲が雨を降らせるのはどうしてって言ってたよ。雲がたくさんあると，雨が降るんだよね。
子どもF　雲から雨が降るから，たくさん雲があったら，雨になるものがたくさんあるんじゃない。あっ，雲が雨のもとになるから，雲が厚いってことは，雨のもとがたくさんあるってことだからじゃない。

教　師　雨のもとって，何だろうね。
子どもF　えっ，水蒸気でしょ。
教　師　水蒸気って見えるんだっけ？
子どもD　水蒸気は見えない。雲は水滴じゃない？
子どもF　あ，わかった。雲は水滴だから，たくさんあると雨になって落ちてくるんだ。
子どもD　じゃあ，なんて書く？
子どもE　雲が厚いってことは，水滴がたくさんあるから，雨が降るってことでいいよね。だから，黒く見える雲は雨が降るってことでしょ。

　「水蒸気」という言葉は，机間指導をしている中で教師が定義を明確にしていく必要があります。これでは，4年生までの学習が完全には定着してないと言えるでしょう。しかし，教師の働きかけによって，水蒸気と水滴の違いを確認し，雲，雨と関係づける姿が見られました。

5 評価について

　最後に自分の結論に「雲の厚さから水滴が多いことをとらえ，そのため光が通りにくく黒く見えていること」を記述しているかを基に評価しました。

（杉山　直樹）

6年　燃焼の仕組み

物が燃えるためには何の気体が関係しているのか考えよう

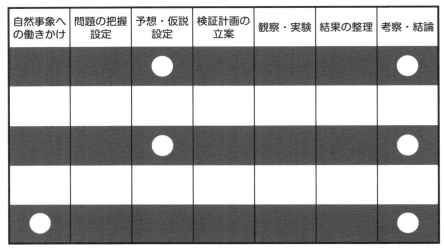

1 授業のねらい

> 実験結果を基に，物が燃えるには二酸化炭素ではなく，酸素の量が関係していることを考えることができる。

2 授業づくりのポイント

　子どもは，前時までに石灰水や気体検知管などを使って燃焼後の酸素や二酸化炭素の割合について調べ，「物が燃えると，空気中の酸素の一部が使われて，二酸化炭素ができること」を学習しています。本時では，燃焼の仕組みの学習で得た知識を活用しながら，酸素25％，二酸化炭素75％にした集気びんの中に，火のついたろうそくを入れたときの様子について考えます。既習の実験結果と目の前の事象とを結び付けながら，ろうそくの火が消えた理由についてグループで話し合って考えていきます。その際に，二酸化炭素の増加よりも酸素の減少を主として燃焼の仕組みを考えていくことで，より妥当な説明が可能になります。

3 学習指導案

時間	児童の学習活動	教師の指導・支援
5分	1　前時までの学習を振り返り，問題を作る。	・物が燃える前後の空気の組成の違いや，酸素100％，二酸化炭素100％の条件下での物の燃え方を映像で振り返ることで，問題意識をもてるようにする。
	問題　物が燃えるのには，酸素と二酸化炭素のどちらが関係しているのだろうか。	
10分	2　個人で予想を立てた後，グループで話し合う。	・酸素25％，二酸化炭素75％にした集気びんの中に，火のついたろうそくを入れたときの様子を提示する。 ・空気中の酸素とほぼ同じ量の酸素を設定して実験を行うことで，二酸化炭素の量の違いに目を向け，空気中での物の燃え方と比較がしやすいようにする。
12分	3　実験方法を確認し，実験を行う。 ・水上置換法により酸素25％，二酸化炭素75％を作る。	・炎の明るさやろうそくの火が燃え続けていた時間を計測し，グループごとの実験結果を黒板に拡大して掲示する。 ・タブレット型端末で実験の様子を記録しておくことで，映像を確認しながら考えることができるようにする。 ・酸素25％，二酸化炭素75％の条件下で調べ終わったら，酸素50％，二酸化炭素50％など，酸素や二酸化炭素の割合を変えて実験を行ってもよいことを伝える。
8分	4　実験結果を基に考察し，問題に対する結論を書く。	・複数の実験結果から，結論を導くようにする。 ・結論がなかなか書けない子どもには，二酸化炭素の量が多くても，ろうそくが燃え続けていたことに着目するように助言する。 ・二酸化炭素が火を消す働きがあると仮定した場合の結果の予想も考えることで，二酸化炭素には火を消す働きがあるのではなく，物が燃えるのには酸素の量が関係していることを意識づける。
10分	5　自分の考えを発表し，学級全体で共有する。	・空気中のろうそくの燃え方と比較しながら窒素の存在や酸素量の変化に着目していくようにする。 ・ろうそくの火が消えても酸素が残っていたことから，物が燃えるためにはある一定量の酸素が必要であることを押さえる。
	結論　物が燃えるのには，酸素が関係している。	

4 授業展開例

　前時までに子どもは，石灰水や気体検知管を使って調べた実験結果から，集気びんの中で火のついたろうそくが燃える前と燃えた後の空気の組成の変化をとらえています。本時では，集気びんの中で燃やしたろうそくの火が消えた現象を空気の組成の変化という視点から着目し，どうしてろうそくの火が消えたのかを問うことで，物の燃焼に対する子どもの見方の違いを表出させました。子どもから出てきた考えは，大きく分けて次の２つです。ろうそくの火が消えたのは，①物を燃やす働きがある酸素が減ったから。②二酸化炭素には火を消す働きがあって，その二酸化炭素が増えたから。この異なる２つの考えから学級で問題を作りました。

> 問題　物が燃えるのには，酸素と二酸化炭素のどちらが関係しているのだろうか。

　そこで，「酸素25％，二酸化炭素75％にした集気びんの中に，火のついたろうそくを入れるとどうなるでしょうか」という問題場面を設定し，個人で予想を考えさせた後，グループで話し合いを行いました。自分の考えをもたせてからグループで話し合うことで，積極的に話し合いに参加できるようになり，自分とは異なる視点や考え方を見つけやすくなります。

子どもA　僕は，二酸化炭素が75％もあるから，すぐに火は消えると思うな。だって前に二酸化炭素100％にした集気びんの中に入れたときも，すぐに火が消えたでしょ。

子どもB　私は，少しだけ燃え続けてから消えると思うよ。物を燃やす働きがある酸素が25％もあるからね。

子どもA　でも今回は，酸素よりも二酸化炭素の量が50％も多いよ。

子どもC　確かにそうだけど，空気中の酸素の割合21％でやったときもしばらく燃え続けたでしょ。その量より多いから，長く燃えるはずだよ。

子どもD　だよね。それに，ろうそくの火が消えたときの酸素の割合は17％だったから，17％より酸素が多ければろうそくは，燃えるんじゃないかな。

子どもA　それなら，ろうそくの火が消えた後の二酸化炭素の割合は３％だったけど，今回は75％だよ。酸素に比べて二酸化炭素の割合が，かなり違って増えているよ。だから絶対にすぐ消えるよ。

　以上のように，既習の実験結果から得た知識（下線部）を自分の考えの根拠として話し合うことで，話し合いが活発になっていきました。話し合いが活発になるには，自然の事象や事実を基に考えていくことが大切です。

　次に，実際に酸素25％，二酸化炭素75％にした集気びんの中に，火のついたろうそくを入れ

るとどうなるか実験で確かめました。また，グループごとに自由に酸素や二酸化炭素の割合を変えて実験も行いました。

最後に，実験結果を基に問題に対する結論を個人で書き，学級全体で話し合いました。

子どもA　物が燃えるのは，酸素が関係していると思います。酸素25％，二酸化炭素75％の集気びんの中に，火のついたろうそくを入れたら空気中で燃やしたときよりも激しく燃えたからです。それに，燃え続けた時間も長くなっていました。

教　　師　でも，最後には火は消えたんだよね？　やっぱり二酸化炭素が火を消す働きをしたんじゃないの？

子どもB　もし二酸化炭素が火を消す働きがあるとしたら，集気びんの中にろうそくを入れてすぐに火が消えるはずだから，それがしばらく燃え続けたということはやっぱり酸素の量が関係しているんだと思います。

子どもC　よく考えてみると，空気中にある約79％の窒素も物を燃やす働きがなかったし，これって今回調べた二酸化炭素の量とほとんど変わらないと思います。

子どもD　酸素の割合を増やしていくと，燃え続ける時間も長くなっていったからやっぱり酸素の量が関係しているんだと思います。ろうそくの火が消えたのは，物を燃やすのに必要な量の酸素が足りなくなったからだと思います。

以上のように，はじめは酸素と二酸化炭素の量の変化に着目していたが，論理に矛盾がないか「もし二酸化炭素が火を消す働きがあるとしたら」と仮説的に考えたことで，空気中にも物を燃やす働きがない窒素が約80％存在することに気付き，二酸化炭素を窒素に置き換えて考えることができるようになりました。また，自分のグループの結果だけでなく，他のグループの結果についても考察することで，酸素の量が関係していることを結論づけることができました。このように，これまで身に付けた知識を活用していくことで「物が燃えるのには，一定量の酸素が必要である」という物の燃焼に対する見方を深めていきました。

> 結論　物が燃えるのには，酸素が関係している。

5　評価について

評価は，物が燃えるためには酸素の量が関係していることを実験結果を基に考察し，自分の考えを図や言葉で表現しているか，発言やノートの記述を基に行いました。

（肥田　幸則）

6年　水溶液の性質

炭酸水から出てくる泡は何か考えよう

	自然事象への働きかけ	問題の把握設定	予想・仮説設定	検証計画の立案	観察・実験	結果の整理	考察・結論
習得・活用・探究という学習プロセスの中での，問題発見・解決を念頭に置いた深い学び			●				
他者との協働や外界との相互作用を通じて，自らの考えを広げ深める，対話的な学び				●			
子どもたちが見通しをもって粘り強く取り組み，自らの学習活動を振り返って次につなげる，主体的な学び		●					

1 授業のねらい

> 炭酸水から出る気体を調べる実験を通して，物質の質的変化についてとらえることができる。

2 授業づくりのポイント

　本単元では，いろいろな水溶液の性質や水溶液に溶けている物を調べたり，金属が反応する様子を調べたりする活動を通して，水溶液の性質について推論する能力を育むことが大切です。

　本時は，炭酸水に何が溶けているのかについて調べます。まず，既習事項を活かして実験方法を構想して調べたり，気体は水に溶けるのかについて実験したりする活動や，解釈したことをイメージ図にして表現することで，見えない事象をとらえることができると考えます。

3 学習指導案

時間	児童の学習活動	教師の指導・支援
2分	1 前時の学習で設定した問題を確認する。	
	問題　炭酸水には何が溶けているのだろうか。	
3分	2 個人で炭酸水には何が溶けているのか予想する。	・炭酸水から泡が出ていること、そして蒸発させても何も出てこなかったことから、「気体が溶けているかもしれない」という考えから予想できるようにする。
7分	3 予想別グループで、実験方法を構想する。	・個人の予想を基に、グループ内で話し合って実験方法を構想するように促す。 ・「物の燃え方と空気」「人の体と働き」で学習した知識を引き出せるようにする。 ・実験や結果の見通しをもたせるようにする。 ・他のグループがどのような実験をするのか把握できるようにするため、ワークシートを掲示する。
10分	4 実験を行う。	・必要な器具は自分たちで準備できるようにする。 ・自分たちの実験方法を吟味するため、同じ実験方法で取り組んでいる別のグループの観察ができるようにする。
10分	5 実験結果を整理・考察する。	・他のグループが見てもわかりやすく、また結果を全体で共有できるようにするため、実験で得た結果をワークシートに記入し、掲示する。 ・実験結果を基に個人で考察し、グループで話し合う時間を設ける。 ・他の実験を行っているグループの結果からどのようなことが考えられるのかを話し合うようにする。
10分	6 再実験をする。	・二酸化炭素が水に溶けることを疑問に思っている子どもの考えを取り上げ、調べる必要性をもつようにする。
3分	7 結論を導出する。	・複数の実験結果から、炭酸水には何が溶けているのかについて推論し、表現するようにする。
	結論　炭酸水には二酸化炭素が溶けている。	

4 授業展開例

前時までの学習は，5つの水溶液（食塩水・炭酸水・うすい塩酸・アンモニア水・石灰水）を色・様子・におい・蒸発させる・リトマス紙で色の変化を見るという方法で性質を調べ，表にまとめました。さらに，水溶液の性質を基にしてどの液体なのかを当てるクイズを出題して，学習内容の定着を図りました。

子どもからは，5年の学習で食塩水を蒸発させると白い粉（食塩）ができてきたのに，炭酸水を蒸発させても何も残らなかったことから，「炭酸水には何が溶けているのか調べたい」という問題を見出し，主体的な学習になるようにしました。

本時は，前時までの学習を想起させ，問題を確認しました。

> **問題** 炭酸水には何が溶けているのだろうか。

まず自分で予想を立て，解決までの見通しをもつことができるようにしました。子どもからは，「炭酸水には酸素が溶けていると思う」「二酸化炭素だと思う」という予想が出ました。

予想別にグルーピングした後，個人で考えた予想や見通しを基にして話し合い，実験方法を考えたり，どのような実験結果が出るのかまでの見通しをもったりしました。

酸素グループ

子どもA 人は呼吸のとき酸素を吸って，二酸化炭素を出すのだからそれと同じように，きっと飲み物にも酸素が溶けていると思うよ。

子どもB そうだよ。泡をビニール袋に集めて気体検知管で調べよう。たぶん酸素の割合が増えているよ。

二酸化炭素グループ

子どもC 石灰水で調べられるよね。

子どもD もし白くにごったら二酸化炭素だよね。

子どもE 炭酸水を蒸発させて，湯気を集めてリトマス紙で調べたいな。二酸化炭素が溶けているなら，酸性の反応が出るはずだ。

このように既習内容を活用して実験計画を考えさせました。

次に炭酸水には何が溶けているのかについて必要な器具をグループで考え，用意して実験を

行いました。

実験結果　　気体検知管……二酸化炭素の割合が多くなった。
　　　　　　石灰水　　……白くにごった。
　　　　　　リトマス紙……酸性の反応が出た。

　実験結果からわかったことを基にグループで話し合いをし、さらに他の方法で実験を行ったグループのところへ行き、話し合いを行いました。

子どもB　炭酸水には酸素が溶けていると思ったけど、気体検知管で測ると二酸化炭素の割合が増えていたよ。
子どもD　炭酸水に石灰水を入れると白くにごったよ。
子どもE　リトマス紙では酸性の反応が出たよ。でもほかにも酸性の反応をする水溶液はあるんだけど、たぶん二酸化炭素だと思う。
教　師　みんなの話をまとめると、炭酸水には二酸化炭素が溶けているということなんだけど、二酸化炭素は水に溶けるのかな。
子どもE　実験の結果から二酸化炭素が溶けていると思うけど、本当に溶けるのかな。

　解釈したことをゆさぶる発問をしたため、確かめたくなった子どもたちは、新たに問題を設定して、全員で実験方法を考え、実験を行いました。

子どもA　丸形水そうに水を入れ、水上置換法でやったように集気ビンに二酸化炭素をいっぱいにして様子をみよう。
子どもB　ジュースで使われているペットボトルで確かめてみたい。
子どもG　もし二酸化炭素が水に溶けたら、その水をリトマス紙で調べようよ。

　実験の結果から、①炭酸水を蒸発させても、何も残らなかった。②炭酸水から二酸化炭素が出ている。③二酸化炭素は水に溶ける。④二酸化炭素が溶けている水は酸性の反応が出る。
　以上のことから「炭酸水には二酸化炭素が溶けている」ことを推論することができました。

結論　炭酸水には二酸化炭素が溶けている。

5　評価について

　評価は、既習事項を活かして実験方法を構想することができたか、二酸化炭素が水に溶けて炭酸水になったことをイメージ図で表し、説明することができたかを発言やノートの記述を基に行いました。

（呉屋　智之）

6年　てこの規則性

てこの規則性で学びを深めよう

	自然事象への働きかけ	問題の把握設定	予想・仮説設定	検証計画の立案	観察・実験	結果の整理	考察・結論
習得・活用・探究という学習プロセスの中での，問題発見・解決を念頭に置いた深い学び					○		
他者との協働や外界との相互作用を通じて，自らの考えを広げ深める，対話的な学び					○		
子どもたちが見通しをもって粘り強く取り組み，自らの学習活動を振り返って次につなげる，主体的な学び			○				

1 授業のねらい

> 大型てこを用い，支点・力点・作用点の位置を変えて，手応えの違いを調べることができる。

2 授業づくりのポイント

　本単元は，生活の中に数多くあるてこの便利さとその規則性の面白さを子どもが手応えを通して実感し，式と関係づけながら理解できるようにすることが大切です。

　そこで，単元の導入である本時は，子どもたちが普段重くて困っているジャガイモ栽培用の土嚢袋を，大型てこを用いて持ち上げる活動を設定し，問題解決の必要感をもたせるようにしました。また，大型てこのおもりをかける位置を実験用てこと同様にしておくことで，後に手応えとてこの関係式が結び付くように工夫しています。子どもが自分の生活経験と事象を結び付けたり，得られた結果を活用して考えたりしているときの「だったら…」というつぶやきを大切にして授業を展開することで，深い学びを実現できるようにしました。

3 学習指導案

時間	児童の学習活動	教師の指導・支援
7分	1 ジャガイモを栽培している土嚢袋を大型てこを使って持ち上げる事象と出合い，本時の問題を見出す。	・子ども全員が重さを実感している土嚢袋（重さ約10kg）を提示し，問題解決の必要感をもつようにする。 ・実際に数名の子どもに大型てこを使い土嚢袋を持ち上げさせ，使い方と支点・力点・作用点という言葉を確認する。その上で「最も小さな力で持ち上げたい」という思いを引き出し問題を共有する。
	問題　どうすれば，最も小さな力で土嚢袋を持ち上げられるかな？	
8分	2 大型てこを使って，最も小さな力で土嚢袋を持ち上げる方法をグループで予想する。	・実物を触ったり，生活経験を基にしたりしながら予想させる。ホワイトボードに支点・力点・作用点の位置を書き込むことができるようにする。
15分	3 グループで実験する。	・予想した位置のほかにも，支点・力点・作用点の位置を変えて実験してよいことを伝える。 ・机間指導の中で，「支点と力点の位置をこう変えれば…」などと，事実を基に方法を考えながら実験しているグループを価値づける。そうすることで，支点・力点・作用点の位置や距離に着目できるようにする。
10分	4 グループごとの実験結果を全体で共有し，考察する。 ・支点と作用点の距離を短くし，支点と力点の距離を長くすると，重い物を小さな力で持ち上げることができる。	・各グループの予想と結果を書いたホワイトボードを黒板に掲示し，全体で結果を共有する。 ・土嚢袋を最も小さな力で持ち上げられたときの条件を，支点・力点・作用点という言葉を用いて，その位置や距離がわかるように説明するように促す。言葉が足りない場合は問い返しをする。 ・最も小さな力で持ち上げられる条件を反証するために，支点・力点・作用点の距離をすべて逆の条件にして実験していたグループを指名し発表するよう指示する。実際に他のグループでも追実験することで，てこの規則性につながる手応えを全員が実感できるようにする。
5分	5 本時の学習を振り返る。	・てこについてわかったことや見つめ直したこと，友達の考え方のよさ，さらに調べてみたいことなどを理科日記にまとめ，発表する場を設定する。
	結論　支点と作用点の距離をなるべく短くし，支点と力点の距離をなるべく長くすると，最も小さな力で土嚢袋を持ち上げることができる。	

4 授業展開例

　本時の導入では，ジャガイモを栽培している10kgの土嚢袋を重そうに運ぶＡ君とＢさんの写真と，大型てこを提示しました。教師が「この長い棒と支柱を使って，どうすれば土嚢袋を楽に持ち上げることができるかな？」と問いかけると，前の席にいた数名が試行錯誤しながら大型てこを組み立て，土嚢袋を持ち上げることができました。また，「あれ，少し軽くなったよ」という子どものつぶやきから，この道具を使えば小さな力で土嚢袋を持ち上げられそうだという見通しをもたせることができました。さらに「できるだけ小さな力で持ち上げたいな」という思いを子どもから引き出し，本時の問題を全体で共有しました。

> 問題　どうすれば，最も小さな力で土嚢袋を持ち上げられるかな？

　棒を１つの点で支えたものをてこということ，支柱の位置を支点，手の位置を力点，土嚢袋の位置を作用点ということを押さえ，各グループで予想を話し合わせました。Ａ班では，以下のような話し合いがなされました。

子どもＡ　前に，妹と公園のシーソーで遊んだことがあるのだけれど，ぼくと妹は体重が違うのに，ぼくが真ん中に近いところに乗って，妹が端に乗ると，つり合って遊べたんだよ。てこも同じじゃないかな？

教　　師　Ａ君と妹をてこに置き換えるとどうなるのかな。
子どもＢ　Ａ君が妹に持ち上げられているのだから，Ａ君が土嚢袋で妹が手になるよね。
子どもＣ　だったら，Ａ君が作用点になるのだから，支点と作用点を近づければいいはずだ。

　そこでＡ班は，支点を棒の真ん中にし，すぐ近くに土嚢袋を下げて実験し始めました。
子どもＡ　けっこう軽くなったよ。
子どもＢ　本当だ。あれ，手の位置を棒の端に移動すると，もっと軽くなる。
子どもＣ　手は力点だよね。力点と支点は離したほうがいいっていうことかな。
教　　師　予想では支点と作用点の距離を考えていたけれど，支点と力点の距離も考えたほうがいいと気付いたんだね。もっと支点と力点を離す方法はないのかな。
子どもＤ　支点の位置を変えればいいと思う。やってみよう。

　そして，支点と力点の距離を長くし，支点と作用点の距離を短くして再度実験しました。
子どもＡ　えーっ！　たった小指１本で持ち上がったよ!!

子どもB　本当だ。10kgが小指１本!?　てこって，すごい。

　その頃，B班でも最も小さな力で土嚢袋を持ち上げる方法に気付き，以下のような話し合いがなされていました。

子どもE　支点と力点を遠ざけて，支点と作用点を近づけたら軽くなるんでしょ。だったら，逆にしたら重くなるのかな？
子どもF　重くなるって，10kgより？
子どもG　それはないでしょ。でもやってみようか。
（B班は条件を逆にして，再度実験しました）
子どもE　ぜんぜん持ち上がらないよ！
子どもH　私が乗っても無理だ。
子どもF　先生，ちょっと来てください。
（教師が乗れば，持ち上がると考えたようです）
子どもG　えーっ！　先生が乗っても持ち上がらない。10kgよりずっと重くなっているんだね。
教　　師　逆の条件にして確かめたB班はすごいね。それから，支点・力点・作用点の位置に番号を付けて表しているのもわかりやすい。後でみんなに紹介しましょう。

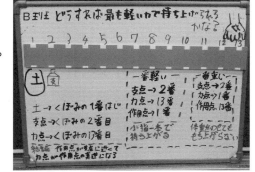

　全体で結果を共有すると，どのグループも支点・力点・作用点の位置を変えて実験し，最も小さな力で持ち上げる条件を見つけることができていました。教師は，その過程でどんな事実を基に，３点のうち，どの位置を変えたのかを問い返しました。支点・力点・作用点の位置を変えたときの，手応えの変化に着目させたかったからです。次に，条件を逆にしたB班の実験を紹介しました。全員で追実験すると，使い方によってはてこが便利なものにも不便なものにもなるとつぶやく子どもや，力点にかかる力の大きさを重さで数値化できないかと考える子どもの姿が見られ，次時以降の追究へとつながりました。
　本時の学びを振り返って書いたAくんの理科日記には，以下のような記述がありました。

> 軽い時は，小指一本。
> 重い時は，体重でもだめ。
> 支点や力点，作用点を変えることによって変わるてこっておもしろい。

5　評価について

　てこの仕組みや働きに興味をもち，支点・力点・作用点の位置を変えたときの手応えの違いを感じながら，小さな力で物を持ち上げる条件を調べることができたか，実験中の発言や考察での話し合い，ノートの記述を基に評価しました。

（菅野　望）

6年　電気の利用

コンデンサーから流れる電流の量と動作する時間を関係づけよう

	自然事象への働きかけ	問題の把握設定	予想・仮説設定	検証計画の立案	観察・実験	結果の整理	考察・結論
習得・活用・探究という学習プロセスの中での，問題発見・解決を念頭に置いた深い学び	●		●				●
他者との協働や外界との相互作用を通じて，自らの考えを広げ深める，対話的な学び							●
子どもたちが見通しをもって粘り強く取り組み，自らの学習活動を振り返って次につなげる，主体的な学び	●	●					

1 授業のねらい

コンデンサーから流れる電流の量を測定し，LEDやモーターなどが動作する時間と関係づけて理解する。

2 授業づくりのポイント

　子どもは，小学6年までに「てこのきまり」などの単元を通して，実験のデータから帰納的にきまりを見つけ出したり，「ふりこのきまり」などの単元を通して，見つけたきまりをブランコなどに演繹的に適用したりして学習を深める経験をしています。そこで，本授業では，豆電球と発光ダイオード（以下LEDと略す）を同じように充電したコンデンサーに接続したときの発光時間の違いから，問題を作り，その原因を追究します。次に発光時間の違いが，流れる電流の量の違いであるならばモーターやブザーが回転したり鳴ったりしている時間も，電流の量と関係があるのではないかと考え，追究活動が主体的に連続していきます。

3 学習指導案（2時間扱い）

時間	児童の学習活動	教師の指導・支援
5分	1　2つのコンデンサーにそれぞれ，LEDと豆電球をつなぎ，光る様子を観察し，点灯している時間に差があることに気付く。	・1F（ファラッド）程度の電気二重層コンデンサーを2つ用意し，同じ量だけ蓄電しておく。 ・点灯している時間の差が明確になるよう，豆電球とLEDの規格を確認する。
	問題1　コンデンサーにつないだ豆電球とLEDが光っている時間に差がある原因は何か。	
10分 20分 10分 第1時終了	2　既習事項から類推して，仮説を立てる。 3　豆電球とLEDが点灯しているときの回路に流れる電流の量を測定する。 4　データから結論を導く。	・乾電池のつなぎ方が違うと回路を流れる電流の大きさが違うという既習事項から，今回はつなぐものが違うので，電流の量が違うのではないかと推論できるようにする。 ・コンデンサーに一定のエネルギーがたまっているイメージを共有できるようにする。
	結論1　コンデンサーにつないだ豆電球とLEDが光っている時間に差がある原因は回路に流れる電流の量の違いだと考えられる。	
5分	1　ここまでの学習の振り返りから新しい問題を見出す。	・発光する物だけでなく，モーターやブザーのように回転したり，音を出したりする物も同じように動作している時間と電流に関係があるか考えることができるようにする。
	問題2　他の物も，動いている時間と流れる電流に関係があるのだろうか。	
15分 15分 10分	2　前時の内容や既習事項から類推して仮説を立てる。 3　実験を計画し，より多くのものを調べることにより，前時に明らかになったことを一般化できるようにする。 4　実験を行い，データを集める。 5　データから結論を導く。	・モーターやブザー，前時よりも明るく光るLED（超高輝度LED）などを使って，作動している時間と電流の量の関係を一般化する。 ・一般化のために，より多くの種類の電子部品を使って調べる。 ・グループや個人で分担して調べ，データを共有する。 ・電子オルゴールについては数十分から数時間鳴り続けるので，電流の量と時間の関係性が明らかになったところで実験を打ち切ることも考えられる。
	結論2　コンデンサーにつないだものが動いたり光ったり鳴ったりする時間は回路に流れる電流の量と関係があり，電流の量が多いと時間が短く，電流の量が少ないと時間が長くなる。	

4 授業展開例

前時までに，
　①手回し発電機を使って，電気をつくることができること
　②コンデンサー（電気二重層コンデンサー，通称キャパシタ）に電気をためることができること
　③コンデンサーにためた電気を使って，豆電球やLEDを点灯させたり，モーターなどを回転させたりすることができること
を学んでいます。

　ここで，子どもは，同じようにためたコンデンサーを使っているにもかかわらず，豆電球は数十秒間で明かりが消えてしまう（フィラメントが点のように光っている時間も含む）のに対し，LEDは数分間点灯している事象に気付きます。この2つの事象の比較から

> **問題1**　コンデンサーにつないだ豆電球とLEDが光っている時間に差がある原因は何か。

といった問題を見出すことができます。

　小学校理科では，電気の単元が第3学年から第6学年まで1単元ずつあります。仮説の設定には第4学年の学習が根拠になると考えられます。第4学年では，電流の量と豆電球の明るさの関係，電流の量とモーターの回転の速さの関係を学習しています。第4学年では，乾電池につなぐ豆電球やモーターの種類は変えずに，乾電池2個のつなぎ方を並列・直列と変化させることにより電流の量が変化し，明るさや回転の速さが変化することを学習します。

　ただし，直列つなぎの場合は，電池が早く消耗し，並列つなぎのほうが電池が比較的ゆっくりと消耗するといった，乾電池の電池容量に関することは学習していません。

　そこで，仮説の根拠は，電気に関する生活経験や他の事象からの類推が中心となると考えられます。

　①電池のつなぎ方を変えると電流の量が変わった学習を基に考えると，つなぐものが変わっても電流の量が変化するのではないかと考えられる。
　②コンデンサーと電流の量の関係は，水を入れたタンクと，蛇口のひねり方の関係に似ているのではないか。蛇口から水をたくさん出すとタンクはすぐに空になるけど，蛇

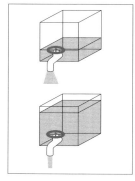

口からちょろちょろと水を出すと，空になるのに時間がかかる。
　③照明をLEDにすると電気代の節約になると聞いたことがあるので，LEDは電流の量が少なく，豆電球は多いのではないか。

　コンデンサー，電流計，豆電球で回路を作り，電流の量を測定します。豆電球に流れる電流の量は変化が大きいので，15秒ごとなどと間隔を決めて測定します。
　LEDも同様に測定します。

> 結論1　コンデンサーにつないだ豆電球とLEDが光っている時間に差がある原因は回路に流れる電流の量の違いだと考えられる。

　前時は豆電球とLEDに着目して，点灯時間と電流の量との関係を追究しました。そこで，これを一般化する方向で問題を作ります。1つの問題解決が終わったところで，学習の振り返りの時間（ノートへ記述）を設定し，考えたことを発表させることにより，次の問題を子ども自らが見出していくことができます。

子どもA　回路に流れる電流の量と光っている時間に関係があるというきまりは，モーターやブザーにも当てはまるのかなと考え，ノートに書きました。
教　　師　光っている時間だけでなく，動いたり，音が出たりしている時間も電流の量が関係しているのかと考えたのですね。みなさんが考えていることを問題にしましょう。

> 問題2　他の物も，動いている時間と流れる電流に関係があるのだろうか。

子どもB　同じ電気を使っている物だから，きまりが当てはまるのではないかと私は考えています。

　学んだことを基に，モーターや圧電ブザーなどをコンデンサーに接続して，動作時間と電流の量の関係を調べます。データから帰納的に考えることによって，「電気が光，音，運動など別の形に変化しても，その電子部品が動作する時間は回路に流れる電流の量と関係がある」ということを追究することができ，より深い学びになると考えられます。

5　評価について

　ポイントが3つあります。①根拠のある仮説を設定しているか，②結論1から新たな問題を見出すことができたか，③問題2の解決過程において，多くのデータから帰納的にきまりを見出すことができたか，です。思考力に関する観点で，ノートの記述から評価します。

（髙木　正之）

6年　人の体のつくりと働き

吸う空気とはき出す空気の違いは何か考えよう

	自然事象への働きかけ	問題の把握設定	予想・仮説設定	検証計画の立案	観察・実験	結果の整理	考察・結論
習得・活用・探究という学習プロセスの中での，問題発見・解決を念頭に置いた深い学び		●					
他者との協働や外界との相互作用を通じて，自らの考えを広げ深める，対話的な学び					●		
子どもたちが見通しをもって粘り強く取り組み，自らの学習活動を振り返って次につなげる，主体的な学び							●

1 授業のねらい

> 吸う空気とはき出した空気を調べる実験を通して体の各器官がかかわり合って働いていることを推論することができる。

2 授業づくりのポイント

　本単元では，子どもが人や他の動物の体のつくりと働きについて観察・実験や資料を活用して推論しながら調べて，体の各器官が相互にかかわり合って生命を維持していることを総合的にとらえることが大切です。

　本時は，単元の導入で体力テストや水泳での体の変化についての話し合いから整理した「人と空気の関係」について実験や映像資料で調べることを通して，呼吸の働きについてとらえさせます。また，その働きと肺や血液の働きとを関係づけることで，他の体の各器官も相互にかかわり合っていることを総合的にとらえることができると考えます。

3 学習指導案

時間	児童の学習活動	教師の指導・支援
2分	1 前時の学習を振り返り,問題を見出す。	・前時の話し合いから出た「人と空気の関係」について学習することを確認する。
	問題　吸う空気とはき出した空気にはどんな違いがあるのだろうか。	
5分	2 予想を書いて掲示し,全体で共有する。 ・個人で予想して結果の見通しをもつ。	・ほとんどの子どもは「酸素を吸って,二酸化炭素をはき出している」ことを知っているので,物が燃えるときの変化で学習した「空気の成分」について全体で話し合うことができるようにする。
5分	3 予想別グループで,実験方法を構想する。	・個人の予想を基に,グループ内で話し合って実験方法を構想できるようにする。 ・「物の燃え方と空気」で学習した知識を引き出せるようにする。 ・実験方法をワークシートに書き込み,提示できるようにする。
10分	4 全体で考えを共有し,実験する。 ・気体検知管を使って調べる。 ・石灰水の色の変化で調べる。	・他のグループがどのような実験を行うのか把握できるようにするため,ワークシートを掲示させる。 ・実験に必要な器具を自分たちで準備して実験を行うようにする。
10分	5 実験結果を整理し,全体で共有する。 ・はき出した空気を石灰水に入れると白くにごった。 ・気体検知管では,吸う空気よりもはき出した空気のほうが酸素が少なく,二酸化炭素が多い。	・全体で共有できるように,ホワイトボードに結果を書き込み掲示する。 ・石灰水,気体検知管それぞれの実験結果を確認する。
5分	6 結果を基に考察する。 7 結論について話し合う。	・実験結果を基に個人で考察し,グループで話し合う場を設定する。
	結論　はき出した空気には,吸う空気よりも酸素が少なく,二酸化炭素が多く含まれているので,違いがある。	
5分	8 映像資料を見て肺の働きについて考える。	・映像資料からわかったことを話し合い,次時への意欲を高める。
3分	9 本時の学習を振り返る。	・新たな問題意識をもち今後の学習の見通しをもてるようにする。

4 授業展開例

　前時に，体力テストの写真を提示し，シャトルランや短距離を思いっきり走った後などの体の様子について話し合いをしました。子どもからは，「思いっきり走った後は心臓がバクバクした」「息が切れそうだった」「おなかが痛くなった」など呼吸や体の様子の変化についての感想が出てきました。さらに，「水泳の学習のときも同じ感じがしたよね」「息継ぎしないと苦しいよね」「運動した後はいつもより早くおなかがすいてくるよね」などの意見が出てきました。そこで，「なぜ息が苦しくなるんだろう」「どうしておなかがすくのかな」という普段当たり前に起きている現象について発問をすることで，人と「呼吸」や「食べ物」とのかかわりについて問題意識をもたせました。

　本時は，前時の子どもたちの問題意識から，人と空気とのかかわりについて学習することを確認しました。

問題　吸う空気とはき出した空気にはどんな違いがあるのだろうか。

　子どもたちはまず個人で予想して結果の見通しをもち，予想別グループで話し合いを始めました。

子どもA　僕は，吸う空気とはき出した空気の温かさに違いがあるから，空気の成分にも違いがあると思う。

子どもB　私は酸素を吸って，二酸化炭素をはき出していると思うよ。この前の陸上競技大会で400m走った後に，動けない私に酸素ボンベを持ってきてくれたの。

教　　師　みなさんが話しているように吸う空気とはき出す空気に違いがあるのかをどのような実験をすると確かめられますか。

　そこで子どもたちは，実験方法について構想し始めました。

子どもC　両方の空気をビニル袋に集めて様子を見てみよう。

子どもD　吸う空気とはき出した空気はどっちも空気なんだから「ものの燃え方と空気」で使った気体検知管を使えば調べられると思うよ。

子どもE　1人だけじゃわからないから，BさんとF君を比べてみようよ。

子どもF　吸う空気は周りの空気なんだから，はき出した空気を調べればいいんだよね。

子どもG　石灰水に吸う空気，はき出した空気を入れてみようよ。白くにごったほうが二酸化炭素が多いってことだよね。

次に各グループで必要な器具を自分たちで準備して実験を行います。

子どもC　はき出した空気はビニル袋の内側が曇ったよ。どうしてだろう。水蒸気かな。

子どもD　気体検知管で調べるとはき出した空気は，吸う空気より二酸化炭素が多かったよ。BさんとF君を比べてもほとんど同じだ。

子どもG　はき出した空気を集めたビニル袋のほうは石灰水が白くにごったよ。

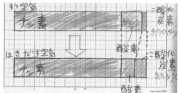

　調べた結果を整理して全員で共有しました。次に個人で考察したことを基にグループで話し合い，結論をまとめます。

結論　はき出した空気には，吸う空気よりも酸素が少なく，二酸化炭素が多く含まれているので，違いがある。

　結論から出てきた疑問について話し合います。

子どもD　どうして吸う空気よりもはき出した空気のほうが二酸化炭素が多いんだろう。

子どもH　肺で酸素が二酸化炭素に変わるんじゃないかな。

子どもD　しかも酸素は全部二酸化炭素に変わるわけではないんだね。

　疑問をもった子どもたちに，映像資料を見せ，話し合います。

子どもH　肺で酸素が二酸化炭素に変わると思ったけど，酸素が肺に入って血液の流れにのって体を回ってから二酸化炭素になるんだ。

教　　師　その血液は体のどの器官の働きで流れているのかな。

子どもE　心臓だと思います。テレビで見たことがあるよ。

子どもD　酸素が二酸化炭素に変わるのは，肺だけではなく血液や心臓も関係あるんだね。

　新たな問題意識をもたせ，次時以降に体の各器官が総合的にかかわり合っていることを学習していきます。

5　評価について

　評価は，既習事項を活かして実験を構想することができたか，酸素が二酸化炭素に変わることを肺や血液の働きと関係づけて考えることができたかを発言・記録分析をしました。

（呉屋　智之）

6年 　　　　　　　　　　　植物の養分と水の通り道

根から取り込まれた水は，どこに行くか確かめよう

	自然事象への働きかけ	問題の把握設定	予想・仮説設定	検証計画の立案	観察・実験	結果の整理	考察・結論
習得・活用・探究という学習プロセスの中での，問題発見・解決を念頭に置いた深い学び				●			
他者との協働や外界との相互作用を通じて，自らの考えを広げ深める，対話的な学び				●			
子どもたちが見通しをもって粘り強く取り組み，自らの学習活動を振り返って次につなげる，主体的な学び				●			

1 授業のねらい

> 葉から水が空気中に出ていっているという予想を確かめる実験計画を立てることができる。

2 授業づくりのポイント

　前時に子どもたちは，植物の根に色水を与えると，その植物の茎や葉の断面にも色がついたことから，植物は根から水を吸収し，体の一部を通って，葉まで水が来ていることを学んでいます。本時では，その水はどうなったのかについて話し合い，問題を見出して，実験方法を考えます。ここでは，考えた実験方法が妥当であるかをペアグループでの活動を通して，検証できるようにすることをねらいます。そのため，考えた検証方法をペアグループに見てもらう学習活動や，最終的にはペアグループと実験方法を絞る学習活動に位置づけることで，対話の必然性が生まれるとともにより妥当な検証方法を選択しようとする見方も身に付くようにします。

3 学習指導案

時間	児童の学習活動	教師の指導・支援
3分	1 前時のまとめを発表し，学習した内容を確認する。	・前時のまとめを発表させ，植物は根が水を取り込み，体にある水の通り道を通って，茎や葉に水を送っていることを確認する。
5分	2 問題を見出す。	・根から取り込んだ水の動きを図にすることで，葉から先の水の行方に疑問をもてるようにする。
	問題　植物は取り込んだ水をどこから出しているのだろうか。	
7分	3 取り込んだ水がどこから出ているかという予想について発表し，同じ考えの友達とグループを作る。	・「葉から出ている」「茎から出ている」「また根に戻る」などの予想を基に，同じ予想の子どもでグループを作る。
10分	4 考えが同じグループ内で，自分たちの予想を確かめるための検証方法について話し合う。	・グループごとにその予想を実証するための実験方法を考える。また，その実験方法に対する結果の予想まで話し合うことを伝える。
10分	5 異なる予想のグループとペアになり，お互いの実験方法について伝え合う。その後，どちらの予想も検証できる実験方法について話し合い，決定する。	・異なる予想を立てたグループ同士でペアグループを作り，ペアに自分たちの実験方法について説明することを伝える。ペアは，相手グループの実験方法を見て，そのグループの予想が正しい場合，どのような結果が得られるか考え，確認することで，実証性のある実験か確かめることができるようにする。 ・2つのグループで1つの実験をすることを伝え，どのような方法にすれば，お互いの予想について検証可能か話し合い，決定するようにする。
5分	6 実験を行う。	・ペアグループに鉢に入った植物を2本ずつ渡し，実験の設定を行う。
5分	7 本時の振り返りをする。	・今日の学習で新たにわかったこと【知識】，できるようになったこと【学習活動】，新たに考ええたこと【疑問】などについて記述する。

4 授業展開例

　前時までに子どもたちは，色水の吸水実験から，植物は根から水を取り込み，茎を通して葉まで水を行き渡らせていることをまとめています。本時では，まず水の流れを図にすることで，植物には水の通り道があり，全体に水を行き渡らせていることを確認するとともに，葉まで行った水がどうなるかについて疑問をもてるようにし，学級で問題を作ります。

> 問題　植物は取り込んだ水をどこから出しているのだろうか。

　次に，問題に対する予想を話し合い，同じ予想の子ども同士でグループを作ります。ここでは，自分の予想を検証することに重点を置きました。グループごとに自分たちの予想を実証するための方法について話し合い，実験計画を立てます。次に，自分たちと異なる予想のグループとペアを作り，そのグループの実験方法を聞いて，そのグループの予想が合っていた場合の結果を予想します。これにより，自分たちの実験方法を他者に検討してもらうことで，実証性があるか確かめることができます。実際，次のような予想が出てきました。①葉から出ている，②葉と茎の両方から出ている，③根に戻っている。

予想：葉から出ている。 方法：葉をビニル袋でおおい，ビニル袋に水滴がつくか調べる。  グループ① 結果の予想：葉から水が出ていれば，ビニル袋の中に水がたまるはず。	予想：葉と茎の両方から出ている。 方法：葉のついた植物と葉を取った茎だけの植物，それぞれをビニル袋で覆い，水滴がつくか調べる。  グループ② 結果の予想：葉と茎の両方から水が出ていれば，どちらのビニル袋にも中に水がたまるはず。

　さらに，ここで教師からペアグループで実験を行うことを伝えます。複数の予想に対して，検証できる実験方法を1つ考えることで，より実証性の高い実験方法を生み出すとともに，相手と考えが異なることから，対話する必然性が生まれます。

このグループでは，葉から出ていると予想したグループ①（子どもA，D）と葉と茎から出ていると予想したグループ②（子どもB，C）が検証方法について話し合っています。グループ①は，葉にビニル袋をかぶせる実験を提案しました。それに対して，グループ②は，葉があるホウセンカと葉をとったホウセンカを用意し，それぞれ植物全体をおおう実験を考えました。

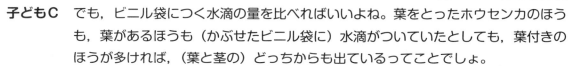

子どもA　えっ，どうする？　そっちのグループの予想は，葉と茎の両方から出ているんでしょ。
子どもB　そうだよ。
子どもA　じゃあ，葉をとったホウセンカにビニル袋をかぶせても，水滴がつくんだよね。
子どもB　そうだよ。
子どもA　それじゃあ，（比べて）調べられなくない？
子どもC　でも，ビニル袋につく水滴の量を比べればいいよね。葉をとったホウセンカのほうも，葉があるほうも（かぶせたビニル袋に）水滴がついていたとしても，葉付きのほうが多ければ，（葉と茎の）どっちからも出ているってことでしょ。
子どもD　ああ，そういうことか。で，葉をとったホウセンカのほうに水滴がついていなかったら，ぼくたちの予想のほう（が正しかった）ってことでしょ。
子どもC　そうそう。
子どもA　あっ，なるほど。じゃあ，そっちの実験方法でいいよ。ぼくたちのやろうとしたことも入っているし。でも，それって，1本のホウセンカでできるよね。一部の葉をとればいいんだから。
子どもB　えっ…。あっ，そういうことね。いいよ。そのほうがホウセンカ1つで済むし。

　実験方法が決まると，各ペアグループで準備が始まりました。

　検証方法を考える授業において課題となるのが，子どもたちが考えた方法で行おうとすると種類が多くなったり，実証できる実験方法かどうかを確かめずに行ったりすることがあります。反対に，考えても，最終的には教師の提示した検証方法となると，子どもたちの主体的な学びとなりません。自分たちの考えた実験方法に責任をもち，結果を基に結論を出すために，ペアグループで実験方法の検討を行い，より実証性の高い実験方法を選択できるようにしました。

5　評価について

　実験方法の検討前と検討後を比較し，変容を基に評価を行います。ここでは，決定した実験方法が，妥当な検証になっているかを基に評価をします。

（杉山　直樹）

6年　　月と太陽

月の形が日によって変わって見えるのはどうしてなのか，半月から考えよう

	自然事象への働きかけ	問題の把握設定	予想・仮説設定	検証計画の立案	観察・実験	結果の整理	考察・結論
習得・活用・探究という学習プロセスの中での，問題発見・解決を念頭に置いた深い学び							○
他者との協働や外界との相互作用を通じて，自らの考えを広げ深める，対話的な学び		○			○		
子どもたちが見通しをもって粘り強く取り組み，自らの学習活動を振り返って次につなげる，主体的な学び		○					○

1 授業のねらい

> 月の形が日によって変わることを観察結果からとらえ，半月についてモデルの月で考えることができる。

2 授業づくりのポイント

　子どもは，第3学年で太陽の動きを，第4学年で月の動きを，観察を通して学習しています。そして，この「月と太陽」の単元で，月の形が変わっていく様子から，月の光って見える側に太陽があるなど，月と太陽の関係に目を向けるようになります。

　そして，本時は，月と太陽に関して調べた知識と観察した結果を活用して，月の形が日によって変わって見えるのはどうしてなのかを考えます。そのため，はじめは半月に見えるときの月と太陽の位置関係を考えます。観察結果とモデルで示した月の形が違うことに着目することで，実際の月と太陽の位置関係について考え，解決したいと思うようにします。

3 学習指導案

時間	児童の学習活動	教師の指導・支援
5分	1 今までの観察結果から，日によって月の形が変わることをまとめる。	・今までの観察結果を並べることで，日によって徐々に月の光っている部分が増えたり，減ったりすることがわかるようにする。
10分	2 提示された事象から問題を考える。	・観察した結果と半月の写真を提示し，半月を再現するために光源を使って月のモデルを照らすと，見える形が違うことに着目することで，問題意識をもてるようにする。
	問題　どのように光を当てたら，モデルの月が半月の形に見えるのだろうか。	
15分	3 観察結果を基に，グループでモデルの月に光を当て，どのように光を当てればよいか決める。	・条件として，18時の半月の観察結果を ①太陽は西の空の低いところ（沈みかけ） ②月は真南の高いところ とし，観察結果を基に考えるようにする。 ・各班にモデルの月と光源を渡し，班ごとに段ボールなどで仕切りを作ることで，話しては試し，試しては話し合えるような空間を作るようにする。 ・モデルの月と光源の位置関係が真横になると半月の形に見えることに気付いた班には，観察結果と異なっていること，今まで調べてきた月と太陽の実際の距離に目を向けることの2点を助言する。 ・モデルの月に対して，距離をとって照らしている班には，観察結果や学習したことから説明できるか聞き，距離をとっても観察者から見る方位に変わりがないことに気付くようにする。 ・班で導き出した結論について，言葉や図や絵を用いて考えを記録するようにする。
13分	4 全体で結論を共有する。	・実際にいくつかの班にモデルを操作しながら説明するようにする。そのとき，条件である観察結果を満たしていること，今まで調べてきた月と太陽，地球との距離について説明できることを確認するようにする。 ・モデルの月が光源から離せば離すほど半月の形に近づいていくところを，タブレット端末で映すことで見え方を共有できるようにする。
	結論　かなり離れたところから光を当てれば，モデルの月が半月の形に見える。	
2分	5 本時の学習を振り返り，次時の見通しをもつ。	・半月だけでなく，三日月や満月でも同じように考えられるか，次時に調べることを確かめる。

4 授業展開例

　前時までに，月の観察をし，日によって徐々に月の形が変わっていくことを学習しました。また，月や太陽について，その大きさや地球からの距離について調べ，遠く離れているから観察すると同じ大きさに見えることを学習しました。

　本時の導入では，前時までの学習を振り返るために，観察結果を並べて提示しました。三日月，半月，満月や朝に観察される月を順番に並べることで，日によって月の形が変わることをまとめました。そして，月の形の変化から，「どうして月の形が日によって変わるのか」と教師から投げかけ，全体で考えるようにしました。そうすると，以下のようなやりとりが生まれました。そして，途中で半月の観察結果を使ってモデルの月を光源で照らすと，モデルの月が半月の形になりませんでした。

教　師　どうして月の形が日によって変わるのかな。
子ども　太陽との関係だよ。
子ども　月のことを太陽が照らしているから，光の当たり方が関係しているはずだよ。
教　師　では，月と太陽の場所？　位置？　で光の当たり方が変わる？
　　　　　だから形が変わるということ？
全　体　そうそう。
（実際にモデルの月を使って半月を示す）
子ども　あれ，なんで半月にならないのかな。
子ども　光の当て方が違うんじゃない。
教　師　観察結果は南に月があって，西に太陽が沈んでいるから，合ってるはずだよ。
子ども　位置は合ってても光の当たり方が違ってるのかな。
子ども　なんで。どうやって光を当てたら半月になるの。

【観察した半月】【モデルで示した半月】

　以上のように，観察した結果とモデルの月で形が変わることを提示することで，今までの考えと目の前の事象を比べるようになり，自然と子どもと問題を設定することができました。

> 問題　どのように光を当てたら，モデルの月が半月の形に見えるのだろうか。

　次に，各班にモデルの月と光源を渡し，どのように光を当てればよいか決めるよう話し合う時間をとりました。

子ども　（観察者側）全然半分にならないよ。
子ども　じゃあ，（光源をモデルの月の真横にずらして）これでいい？
子ども　でもそれだと太陽が西に沈んだことにならないよ。
子ども　これ（光源）を動かすと形が変わるから，やっぱり光の当たり方だと思うんだけど。

（いろいろとモデルを操作しながら試す）
教　師　観察結果を基に考えているね。後は，実際の距離とかは考えている？
子ども　全然気にしてなかった。
子ども　月は地球と約38万km，太陽は地球と約1億5千万kmだよ。
子ども　あれ，こんなに太陽近くないんじゃない。
子ども　ちょっと（光源を）遠くにしてみようよ。
子ども　あ，半月になったんじゃない。

　以上のように，子どもたちが考える時間を十分にとることが大切です。そのため，あえてすぐにかかわらず，様子を観察するようにしました。そうすると，月と地球の距離，太陽と地球の距離に気付く班が増え，実際に光源を離して試すようになりました。また，今まで調べていたはずの距離のことを思い出せない班には，月と地球，太陽と地球の距離を基にする必要があるのでは，と教師が助言するようにしました。このように，今までの活動を振り返り，新しく距離という空間的な見方をすることで，子どもたちの話し合いがより活発になったり，自分から進んでモデルを操作し，確かめようとしたりする姿が見られ，学習がより深くなっていきました。

　その後，全体で各グループの考えを共有し，結論をまとめました。そのとき，光源から離せば離すほどモデルの月が半月の形に近づいていくところをタブレット端末で映すことで，形の変化がとらえやすくなり，1つの班の考えを全員で共有できました。

結論　かなり離れたところから光を当てれば，モデルの月が半月の形に見える。

5 評価について

　評価は，月と太陽の位置関係について，実際の距離に着目して考えられているかどうか，発言やノートの記述を基に行いました。

（塩盛　秀雄）

第**3**章

アクティブ・ラーニングを位置づけた小学校理科の授業の評価

1 アクティブ・ラーニングの指導と評価

❶アクティブ・ラーニングが目指すもの

　アクティブ・ラーニングが目指すものは何か。それは，以下に示す「次期学習指導要領に向けたこれまでの審議のまとめ」（平成28年8月26日）で出された資料から，最終的には，生涯にわたって能動的（アクティブ）に学び続けることができる，資質・能力を子どもに育成することと考えられます。

　改めてアクティブ・ラーニングは，子どもに資質・能力を育成するための一つの指導方法であり，目的ではないことに留意することが大切です。また，アクティブ・ラーニングは，特定の学習・指導の型ではないことにも留意することが大切です。一方，アクティブ・ラーニングは子どもが活動していれば何でもありというわけではありません。アクティブ・ラーニングが機能しているかどうかを3つの視点（「主体的な学び」「対話的な学び」「深い学び」）から授業を意識し，子どもの姿から把握する必要があります。このような子どもの姿が具現化されているかどうかで，自分の授業がアクティブ・ラーニングの授業になっているかどうかを見直していくことが重要です。

主体的・対話的で深い学びの実現
（「アクティブ・ラーニング」の視点からの授業改善）について（イメージ）

「主体的・対話的で深い学び」の視点に立った授業改善を行うことで，学校教育における質の高い学びを実現し，学習内容を深く理解し，資質・能力を身に付け，生涯にわたって能動的（アクティブ）に学び続けるようにすること

【主体的な学び】
学ぶことに興味や関心を持ち，自己のキャリア形成の方向性と関連付けながら，見通しを持って粘り強く取り組み，自己の学習活動を振り返って次につなげる「主体的な学び」が実現できているか。

【例】
- 学ぶことに興味や関心を持ち，毎時間，見通しを持って粘り強く取り組むとともに，自らの学習をまとめ振り返り，次の学習につなげる
- 「キャリア・パスポート（仮称）」などを活用し，自らの学習状況やキャリア形成を見通したり，振り返ったりする

【対話的な学び】
子供同士の協働，教職員や地域の人との対話，先哲の考え方を手掛かりに考えること等を通じ，自己の考えを広げ深める「対話的な学び」が実現できているか。

【例】
- 実社会で働く人々が連携・協働して社会に見られる課題を解決している姿を調べたり，実社会の人々の話を聞いたりすることで自らの考えを広める
- あらかじめ個人で考えたことを，意見交換したり，議論したりすることで新たな考え方に気が付いたり，自分の考えをより妥当なものとしたりする
- 子供同士の対話に加え，子供と教員，子供と地域の人，本を通して本の作者などとの対話を図る

【深い学び】
各教科等で習得した概念や考え方を活用した「見方・考え方」を働かせ，問いを見いだして解決したり，自己の考えを形成し表したり，思いを基に構想，創造したりすることに向かう「深い学び」が実現できているか。

【例】
- 事象の中から自ら問いを見いだし，課題の追究，課題の解決を行う探究の過程に取り組む
- 精査した情報を基に自分の考えを形成したり，目的や場面，状況等に応じて伝え合ったり，考えを伝え合うことを通して集団としての考えを形成したりしていく
- 感性を働かせて，思いや考えを基に，豊かに意味や価値を創造していく

（中央：主体的な学び／対話的な学び／深い学び）
- 学びを人生や社会に生かそうとする学びに向かう力・人間性等の涵養
- 生きて働く知識・技能の習得
- 未知の状況にも対応できる思考力・判断力・表現力等の育成

❷新しい理科教育が目指すもの

　これまでの小学校理科における評価の観点は，「自然事象への関心・意欲・態度」「科学的な思考・表現」「観察・実験の技能」「自然事象についての知識・理解」の4観点でしたが，これからの新しい理科における評価の観点は，学力の三要素に合致させ，3観点となります（中央教育審議会教育課程部会理科ワーキンググループ平成28年5月25日）。（以下，新旧対照評価図）

自然事象への関心・意欲・態度	科学的な思考・表現	観察・実験の技能	自然事象についての知識・理解
自然に親しみ，意欲をもって自然の事物・現象を調べる活動を行い，自然を愛するとともに生活に生かそうとする。	自然の事物・現象から問題を見いだし，見通しをもって事象を比較したり，関係付けたり，条件に着目したり，推論したりして調べることによって得られた結果を考察し表現して，問題を解決している。	自然の事物・現象を観察し，実験を計画的に実施し，器具や機器などを目的に応じて工夫して扱うとともに，それらの過程や結果を的確に記録している。	自然の事物・現象の性質や規則性，相互の関係などについて実感を伴って理解している。

資質・能力の育成のために重視すべき理科の評価の在り方について

表：各教科等の評価の趣旨

評価の観点（論点整理）	知識・技能	思考・判断・表現	主体的に学習に取り組む態度
高等学校　理科	・自然の事物・現象に対する概念や原理・法則を理解し，知識を身に付けている。 ・観察，実験などを行い，基本操作を習得するとともに，それらの過程や結果を的確に記録，整理し，自然の事物・現象を科学的に探究する技能を身に付けている。	・自然の事物・現象の中に見通しをもって課題や仮説を設定し，観察，実験などを行い，得られた結果を分析して解釈し，根拠を基に導き出した考えを表現している。	・自然の事物・現象に主体的にかかわり，それらを科学的に探究しようとするとともに，探究の過程などを通して獲得した知識・技能や思考力・判断力・表現力を日常生活や社会に生かそうとしている。
中学校　理科	・自然の事物・現象に対する概念や原理・法則の基本を理解し，知識を身に付けている。 ・観察，実験などを行い，基本操作を習得するとともに，それらの過程や結果を的確に記録，整理し，自然の事物・現象を科学的に探究する技能の基礎を身に付けている。	・自然の事物・現象の中に問題を見いだし，見通しをもって課題を設定し，観察，実験などを行い，得られた結果を分析して解釈し，根拠を基に導き出した考えを表現している。	・自然の事物・現象に進んでかかわり，それらを科学的に探究しようとするとともに，探究の過程などを通して獲得した知識・技能や思考力・判断力・表現力を日常生活に生かそうとしている。
小学校　理科	・自然の事物・現象に対する基本的な概念や性質・規則性について理解し，知識を身に付けている。 ・観察，実験などを行い，器具や機器を目的に応じて扱うとともに，それらの過程や結果を的確に記録している。	・自然の事物・現象の中に問題を見いだし，見通しをもって観察，実験などを行い，得られた結果を考察し，妥当な考えを表現している。	・自然に親しみ，積極的に自然の事物・現象を調べようとするとともに，問題解決の過程などを通して獲得した知識・技能や思考力・判断力・表現力を日常生活に生かそうとしている。

この新しい理科の評価の３観点は，タイトルに表記されているように，「資質・能力の育成のために重視すべき理科の評価の在り方」とあります。まさに，新しい理科教育が目指すものもここに示された資質・能力であり，この子どもの姿を実現させる上で，アクティブ・ラーニングの３つの視点からの授業改善が重要となるのです。

❸理科の目標を実現するためのアクティブ・ラーニングの指導と評価のポイント

　アクティブ・ラーニングの視点から理科の授業改善を行うための指導と評価のポイントを以下，学習過程の３つの場面から紹介しましょう。

(1)　「問題の把握」場面におけるアクティブ・ラーニングの指導と評価のポイント
①子どもが問題を見出す
　理科の授業において，問題を把握，見出すのは子どもです。教師から「今日の問題は〇〇です」と言って問題をあらかじめ書いたシートなどを黒板に提示しただけでは，子どもの問題とはなりません。
　子どもが問題を見出すためには，自然を対象として，自らの諸感覚を働かせ，体験を通した自然とのかかわりの中で，自然に接する関心や意欲を高め，そこから主体的に問題を見出すように学習場面を設定することが大切です。その際，一人一人が自然の事象から気付いた情報について，整理する中で，全員参加で対話し，意見交換することがアクティブ・ラーニングの視点に基づいた授業改善のポイントになります。
②一人一人が自分の考えをもって対話し，意見交換する
　自然の事象から気付いた情報について意見交換をする際，一人一人が自分の考えをもって意見交換することが大切です。自分の考えをもてない子どもがいる場合には，他者の考えを聞き，真似ても自分の考えとして，自ら対話に参加しているかが評価のポイントとなります。
　この場面では，一人一人が自然の事象から気付いた情報について，自分の立場を明らかにし，授業に参加することが重要です。このことが，アクティブ・ラーニングの視点として示された，主体的な学び，対話的な学びへとつながり，他者との意見の違いを話し合うことで問題として醸成されていきます。

(2)　「問題の追究」場面におけるアクティブ・ラーニングの指導と評価のポイント
①見通しをもって観察，実験を行う
　子どもが何を調べようとして観察や実験を行っているか，自覚していない場合があります。その理由の１つとして，問題を自分で見出しておらず，ワークシートや教科書に書いてある実験手順をなぞっていることが考えられます。これでは単なる作業となってしまいます。

子どもが見通しをもって観察，実験を行うためには，自然の事物・現象の変化や因果関係に着目し，なぜそのような変化が生じたのか，予想や仮説を明確にもち，それを確かめるための観察，実験の計画を自ら立案させることが指導のポイントです。しかし，一人では観察，実験の計画を立案することが難しい場合，アクティブ・ラーニングが有効となります。

②役割を分担して協働的に観察，実験を行う

　一部の子どもだけが観察，実験している場合は，アクティブ・ラーニングとは言えません。グループで協働して観察，実験を行うためには，役割分担が必要です。役割分担も固定化せず，グループで話し合って役割分担を決定し，観察，実験を計画した通りに行い，たとえ失敗しても粘り強く遂行していくことも「観察，実験を実行する力」として子どもの姿を見取る評価場面となります。

(3) 「問題の解決」場面におけるアクティブ・ラーニングの指導と評価のポイント

①全体を振り返り，改善策を考えたり，新たな問題を発見したりする

　この場面では，観察，実験の結果（事実）を分析し，その結果について解釈することが重要です。また，自分たちのグループだけの実験結果から解釈するのではなく，他のグループの実験結果も総合して，予想や仮説の妥当性を検討したり，考察したりすることがアクティブ・ラーニングの指導のポイントです。グループで考察したり，まとめたりしますが，必ず最後は個人で全体を振り返って，問題の解決についてまとめたり，説明したりすることが重要です。教師がまとめた板書を子どもが書き写すだけということにならないように留意しましょう。

②習得した知識・技能等を活用する

　習得した知識や技能，思考力・判断力・表現力等を活用し，日常生活との関連を考えたり，新たな問題を見出したりする学習活動が考えられます。このような学習活動は，理科を学ぶ意義や有用性を実感させることができます。このように，日常生活や社会の中から，自分にとって切実な問題に対応する力を求めた「パフォーマンス課題」も学習内容の深い理解を実現する上で有効であると考えられます。

　例えば，日常生活に見られる「トイレ洗浄剤」の容器に「金属への使用不適」と表示されているラベルの意味を問うことを「パフォーマンス課題」として「水溶液の性質」で学習した知識や技能等を活用して実際に調べたり，自己の考えを深めたり広げたりするなどの学習活動が考えられます。また理科新聞などのレポートでまとめたり，ものづくりで制作したりしたものを，理科で習得したどのような性質や規則性を活かしてまとめたものかなど，子ども同士が認知プロセスの外化を伴って，互いに発表したり評価し合ったりする双方向による学び合いも，学習内容の深い理解を見取る評価場面となります。

（塚田　昭一）

2 小学校理科の全国学力・学習状況調査から見たアクティブ・ラーニングの指導と評価

❶全国学力・学習状況調査問題とアクティブ・ラーニング

　全国学力・学習状況調査では，主として「知識」に関する問題では，身に付けておかなければ後の学年等の学習内容に影響を及ぼす内容や，実生活において不可欠であり常に活用できるようになっていることが望ましい知識・技能などを問う内容としています。また，主として「活用」に関する問題では，理科の学習で学んだ知識・技能が実際の自然の中で成り立っていることをとらえたり，日常生活の中で役立てられていることを確かめたりすることができるかどうか，つまり，実際の自然や日常生活などの他の場面や他の文脈において，学習で身に付けた知識・技能を活用しているかどうかを問う内容としています。

　この内容は，新しい学習指導要領で育成を目指す資質・能力（「何を理解しているか，何ができるか」「理解していること・できることをどう使うか」「どのように社会・世界と関わり，よりよい人生を送るか」）と大きく共通していると言えます。

　ですから，全国学力・学習状況調査の結果は，調査問題の文脈における子どもの学力，すなわち育成すべき資質・能力の実現状況を表していることになりますので，調査結果で明らかになった全国的な課題を把握し，さらに自校の子どものつまずきの様子をとらえ，評価することを通して必要な授業改善を図ることが大切です。単に学んだことの知識の再生ではなく，未知の内容に対応できる力を育成するためには，普段の授業の中での問題解決をもう一度見直し，問題解決の各段階をなぞっていくだけといった形骸化した問題解決になっていないか，子どもが目的意識をもち，絶えず見通しと振り返りを繰り返しながら，子ども自ら問題解決の方略をもち，結果を整理し考察するといった主体的な学びや，あらかじめ個人で考え，その後，意見交換したり，議論したりして，自分の考えをより妥当なものにする学習場面を設けるなどといった対話的な学びなど，アクティブ・ラーニングの視点での授業改善が求められます。

　平成28年度の調査問題では，主体的・対話的で深い学びの学習場面を取り上げ，問題を構成しているものがあります。以下，実際の調査問題や結果を紹介しながら，全国的な子どもの傾向から見られた課題と授業改善の視点を示していきます。

❷ 器具の操作の意味をとらえ，適切な扱い方を理解する（対話的な学びによる技能の習得）

平成27年度実施調査問題　大問3(5)

> メスシリンダーの名称を理解し，メスシリンダーで一定量の水をはかり取る適切な扱い方を身に付けているかどうかをみる。

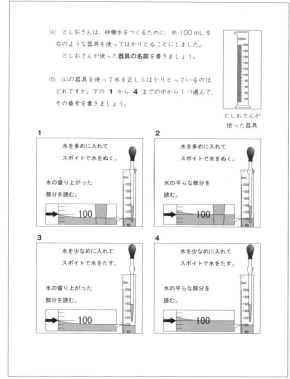

本設問の正答は，4（スポイトで水をたし，水の平らな部分を読む）と解答しているものです。正答率は51.8%であり，メスシリンダーで一定量の水をはかり取る操作技能に関する知識の定着に課題があります。

子どもたちの誤答の状況としては，選択肢2の反応率が21.0%でした。これは，目盛りの読み取り方については理解していますが，水の量を調整するためのスポイトの扱いについては理解することができていないものと考えられます。この背景としては，スポイトの先を水の中に入れると，その分だけ水面が上がってしまうことをとらえていないことが考えられます。

観察，実験の器具の適切な操作方法を身に付けるためには，操作手順の理解だけではなく，操作の意味をとらえることが重要です。そのためには，例えばメスシリンダーの扱いでは，スポイトの機能を確認した上で，スポイトの先を水の中に入れずに水の量を調整することの意味について，実際の液面の様子をとらえながら左図で示すような対話を通して考えられるように指導することが大切です。

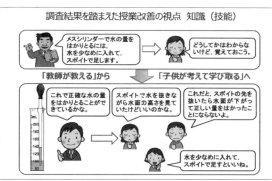

第3章　アクティブ・ラーニングを位置づけた小学校理科の授業の評価　129

❸ 実験結果を見通しながら実験を計画できるようにする

平成27年度実施調査問題　大問3⑵

予想が一致した場合に得られる結果を見通して実験を構想できるかどうかをみる。

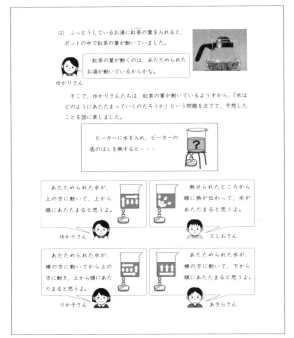
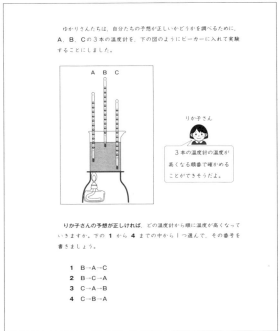

　本設問の正答は，4（C→B→Aの順に温度計の示す温度が高くなる）と解答しているものです。正答率は54.2％であり，予想が一致した場合に得られる結果を見通して実験を構想することに課題があります。

　子どもたちの誤答の状況としては，選択肢3の反応率は24.4％でした。これは，りか子さんの「あたためられた水が，横の方に動いてから上の方に動き，上から順にあたたまる」という予想について，実験方法と照らし合わせ，りか子さんの予想が一致した場合に得られる結果を見通して考えることができず，温められた水は下から順に温まるという考えから判断したものと考えられます。

　問題点を把握し，解決の方向性を構想するためには，予想が一致した場合に得られる結果を見通して実験を計画することが大切です。そのためには，実験を開始する前に結果の見通しをもち，その内容を発表したり説明したりするなどの学習活動が大切です。それにより，自分の考えと異なる他者の予想に対しても，結果の見通しをもつこととなります。

❹実験結果を基に自分の考えを改善できるようにする

平成27年度実施調査問題　大問3(3)

> 水の温まり方を考察するために，実験結果を基に自分の考えを改善できるかどうかをみる。

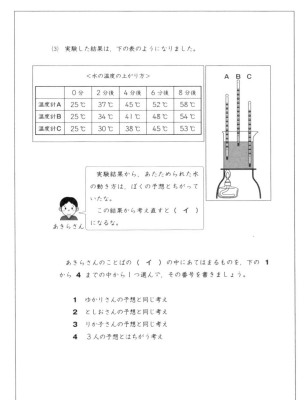

本設問の正答は，1（ゆかりさんの予想と同じ考え）と解答しているものです。正答率は，51.9%であり，水の温まり方を考察するために，実験結果を基に自分の考えを改善することに課題があります。

子どもたちの誤答の状況としては，選択肢2の反応率は22.7%でした。これは，実験結果が結果の見通しと一致しなかった場合に，実験結果を基に，より妥当な考えに修正することができず，水の温まり方を熱せられた部分から順に温まる金属の温まり方と同じようにとらえたものと考えられます。

また，選択肢3の反応率は14.2%でした。これは，実験結果が結果の見通しと一致しなかった場合に，実験結果を基に，より妥当な考えに修正することができず，設問(2)に示しているりか子さんの予想をそのまま妥当な考えとして判断したものと考えられます。

　実験結果を基に，より妥当な考えに改善するには，実験前の自分の予想と実験で得られた結果を照らし合わせ，自分の予想が確認されたのか検討することが大切です。そのためには，本設問のように，温度計の温度が高くなる順番を実験結果の表から読み取り，自分の予想と照らし合わせる活動を行うことが考えられます。自分の予想が実験結果と一致しない場合には，より妥当な考えに改善するために，予想を振り返り，見直し，再検討したり，他者の予想を振り返ったりすることで，自らの考えを修正し，結果から適切に考察できるようにすることが大切です。

❺ 学習を通して獲得した知識を実際の自然や日常生活に当てはめて考えることができるようにする

平成27年度実施調査問題　大問2(5)

> 植物の適した栽培場所について，成長の様子と日光の当たり方を適用して，その内容を記述できるかどうかをみる。

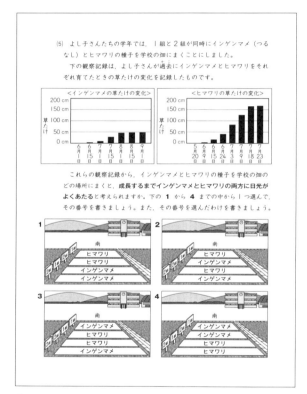

本設問の正答は，番号を4と解答し，「インゲンマメはヒマワリより草たけが低い」や「ヒマワリはインゲンマメより草たけが高い」など，グラフからインゲンマメがヒマワリより低いことを示す趣旨と「インゲンマメを南側に植えるとヒマワリのかげにならないから」や「ヒマワリを北側に植えるとインゲンマメにも日光があたるから」など，日光の当たり方を示す趣旨の両方を記述できているもので，正答例は，「インゲンマメはヒマワリより草たけが低いので，インゲンマメを南側に植えるとヒマワリのかげにならないから」としています。

子どもたちの誤答の状況としては，選択肢2の反応率は23.4%でした。記述の内容として多かったものは，「ヒマワリとインゲンマメを交互に植えると，両方に日光が当たる」「ヒマワリとインゲンマメを順番に植えると，どちらにも日光が当たる」といったものでした。このように解答した子どもは，インゲンマメとヒマワリの成長の様子を示したグラフから，草丈の違いと栽培場所との位置関係により日陰ができることについて考えることができず，両種に日光がよく当たる栽培場所について，適切に判断することができていないものと考えられます。

本設問のように，植物の適した栽培場所を判断する場合において，植物の成長の様子と日光の当たり方を適用して考察するには，それまでの学習を通して獲得した知識を実際の自然や日常生活の事物・現象に当てはめて考える必要があります。そのためには，例えば，日光の当た

り方の違いによって同じ種類の植物でも成長の様子に違いが見られることをとらえたり，アサガオなどの栽培経験から植物を育てる際には，鉢を日光がよく当たる場所に置くようにしたことを想起したりするなどの学習活動が考えられます。また，本設問のように，学校園などで教材として異なる種類の植物を栽培する際には，教師が栽培場所を決めるのではなく，学級全体で植物の生育の仕方と日光の当たり方や日陰のでき方を考えながら，栽培場所について話し合うなどの機会をもつことも大切です。このように，日頃から身の回りで見られる自然や日常生活の事物・現象について，これまでに学習した内容を適用して考えられるようにすることが重要です。

❻ 児童質問紙と学校質問紙調査のクロス分析結果からみる「主体的な学び」における課題

　これまで，調査結果を踏まえた授業改善の視点について触れてきました。調査結果から課題をとらえ，授業改善につなげていくことになりますが，ここでは，授業改善を図る教師と，それを享受する子どもの意識について確認しておきます。下の2つの表は，平成27年度実施の全国学力・学習状況調査の質問紙調査の結果をクロス集計してまとめたものです。児童質問紙79番では，「理科の授業で，自分の予想をもとに観察や実験の計画を立てていますか」という質問です。学校質問紙74番では，「理科の指導として，自ら考えた仮説をもとに観察，実験の計画を立てさせる指導を行いましたか」という質問です。その2つの結果をクロス集計した結果，学校は「理科の指導として，自ら考えた仮説をもとに観察，実験の計画を立てさせる指導を行った」と考えていても，「自分の予想をもとに観察や実験の計画を立てている」と思っていない児童や，学校は「理科の指導として，観察や実験の結果を整理し考察する指導を行った」と考えていても，「観察や実験の結果から，どのようなことが分かったのか考えている」と思っていない児童が一定割合存在することがわかりました。

　このことから，教師が，主体的・対話的で深い学びといったアクティブ・ラーニングの視点で授業改善を行ったとしても，その学びの主体である子どもたちの中には，アクティブ・ラーニングの視点で学んでいる意識がない実態をとらえることができます。

質問項目間のクロス分析　平成27年度　児童質問紙79「理科の授業で，自分の予想をもとに観察や実験の計画を立てていますか」

学校質問紙74「理科の指導として，自ら考えた仮説をもとに観察，実験の計画を立てさせる指導を行いましたか」\児童の回答	当てはまる	どちらかといえば，当てはまる	どちらかといえば，当てはまらない	当てはまらない
よく行った	41.6%	35.7%	17.5%	4.8%
どちらかといえば，行った	39.4%	35.9%	18.9%	5.5%

質問項目間のクロス分析　平成27年度　児童質問紙80「理科の授業で，観察や実験の結果から，どのようなことが分かったのか考えていますか」

学校質問紙75「理科の指導として，観察や実験の結果を整理し考察する指導を行いましたか」\児童の回答	当てはまる	どちらかといえば，当てはまる	どちらかといえば，当てはまらない	当てはまらない
よく行った	46.7%	35.5%	13.9%	3.7%
どちらかといえば，行った	43.7%	36.1%	15.5%	4.4%

（山中　謙司）

おわりに
Afterword

「校長先生，サケの赤ちゃんが産まれる瞬間を今見ました！」

本校の2年生男子数名が興奮して校長室にやってきて報告してくれました。私は「どうやって卵から出てきたの？」と質問すると，子どもたちは，身振り手振りで卵からサケの赤ちゃんが産まれる様子を表現しながら説明してくれました。ところが，それぞれの説明の中で，サケの赤ちゃんの体のどこが先に卵から出てきたのか，次のように説明がずれていました。

「背中のほうから卵が割れて出てきたよ」

「えっ，頭からでしょ…」

産まれたばかりのサケの赤ちゃんをもう一度見ながら，子どもたちの対話がやみませんでした。次の日，水槽前の机には，子どもが描いた孵化する瞬間の様子の絵が貼られていました。それは，卵の割れ目から，頭が半分出ている様子の絵でした。まだ，産まれていない卵をみんなで観察して描いたものだと後からわかりました。

この子どもの姿こそ，「主体的・対話的で深い学び」という理科におけるアクティブ・ラーニングの姿ではないでしょうか。

「理科における」とあえて記したのは，子ども同士の対話の中に，自然の事物・現象が位置づいているからです。自然の事物・現象を興味ある対象として意識し，疑問を抱いたとき，それは教材となり，教材との対話も生まれていたのです。上記に記したサケの赤ちゃんが産まれる瞬間の事象がそれに当たります。子どもが話したくて仕方ない，絵を描いて伝えたくて仕方ない…。子どもが夢中になったとき，教師は，子どもに寄り添い，子どもなりの論理を受け入れることがまずもって，小学校理科の授業づくりにおいて大切なことではないでしょうか。

こうした教師の子ども理解の深さと広さが，今回の学習指導要領の改訂に求められていると感じております。指示と命令の言葉では子どもは動きません。教師の愛情と信頼関係に裏打ちされた言葉ではじめて動くのです。

アクティブ・ラーニングは，まさに子ども理解を可能にします。そして，子ども一人一人が輝き，出番のある授業へと変革することを可能にします。子どもと共に不思議を共感し，アクティブ・ラーニングを先生方も楽しみましょう。

最後に，本書の編集にあたりご指導いただいた，鳴川哲也先生，山中謙司先生と，編集，執筆にあたり的確なご助言をいただいた，明治図書の茅野現氏，そして小学校理科をこよなく愛する執筆者の先生方に心より感謝申し上げます。

2017年2月

塚田　昭一

【執筆者紹介】（執筆順）

鳴川　哲也	文部科学省教育課程課教科調査官
塚田　昭一	埼玉県新座市立野寺小学校校長
柿沼　宏充	埼玉県羽生市立須影小学校教諭
古卿　　聡	埼玉県草加市立草加小学校教諭
志田　正訓	広島大学附属小学校教諭
辻　　　健	筑波大学附属小学校教諭
白岩　　等	筑波大学附属小学校教諭
鷲見　辰美	筑波大学附属小学校教諭
野村　玲子	東京都西東京市立栄小学校主幹教諭
櫛引　　歩	埼玉県新座市立片山小学校教諭
播磨　義幸	北海道札幌市立発寒西小学校教諭
菅野　　望	福島県教育センター長期研究員
今林　義勝	福岡県福岡市立照葉小中学校教諭
佐々木昭弘	筑波大学附属小学校教諭
塩盛　秀雄	埼玉大学教育学部附属小学校教諭
森田　和良	筑波大学附属小学校副校長
福地　孝倫	広島大学附属東雲小学校教諭
八嶋真理子	神奈川県横浜市立三ツ沢小学校校長
川真日早苗	徳島県吉野川市立川島小学校教諭
杉山　直樹	埼玉大学教育学部附属小学校教諭
肥田　幸則	埼玉大学教育学部附属小学校教諭
呉屋　智之	沖縄県宮古島市立西辺小学校教諭
髙木　正之	東京都国立市立国立第八小学校指導教諭
山中　謙司	国立教育政策研究所教育課程研究センター研究開発部学力調査官

【編著者紹介】

鳴川　哲也（なるかわ　てつや）
文部科学省初等中等教育局教育課程課　教科調査官
国立教育政策研究所教育課程研究センター研究開発部
教育課程調査官・学力調査官
平成22年度　国立教育政策研究所教育課程研究センター　評価規準，評価方法等の工夫改善に関する調査研究協力者
平成23年度　文部科学省「小学校理科の観察，実験の手引き」作成協力者
平成26年度　国立教育政策研究所教育課程研究センター「環境教育指導資料【幼稚園・小学校編】」作成協力者　など

山中　謙司（やまなか　けんじ）
国立教育政策研究所教育課程研究センター研究開発部
教育課程調査官・学力調査官
平成22年度　国立教育政策研究所教育課程研究センター　評価規準，評価方法等の工夫改善に関する調査研究協力者
平成23年　全国学力・学習状況調査問題作成・分析委員
平成25年　同上　など

塚田　昭一（つかだ　しょういち）
埼玉県新座市立野寺小学校校長
前国立教育政策研究所教育課程研究センター研究開発部
教育課程調査官・学力調査官
平成17年度　特定課題に関する調査分析委員（文部科学省　小学校理科）
平成20年　小学校学習指導要領解説　理科編　作成協力者
平成27年　中央教育審議会　教育課程部会　理科ワーキンググループ委員　など

アクティブ・ラーニングを位置づけた
小学校理科の授業プラン

2017年4月初版第1刷刊	鳴　川　哲　也
ⓒ編著者	山　中　謙　司
	塚　田　昭　一
発行者	藤　原　光　政
発行所	明治図書出版株式会社

http://www.meijitosho.co.jp
（企画）茅野　現　（校正）高梨　修
〒114-0023　東京都北区滝野川7-46-1
振替00160-5-151318　電話03(5907)6701
ご注文窓口　電話03(5907)6668

＊検印省略　　組版所　長野印刷商工株式会社

本書の無断コピーは，著作権・出版権にふれます。ご注意ください。

Printed in Japan　　ISBN978-4-18-277314-3
もれなくクーポンがもらえる！読者アンケートはこちらから→